Correspondance Ministérielle.

PREMIÈRE ET DEUXIÈME LETTRE

A SON EXCELLENCE

M. LE COMTE DE VILLÈLE.

IMPRIMERIE DE COSSON,
rue Saint-Germain-des-Prés, n° 9.

Correspondance Ministérielle.

PREMIÈRE ET DEUXIÈME

LETTRE

A SON EXCELLENCE MONSIEUR LE COMTE

DE VILLÈLE,

PAR E. PL.

PARIS,

CHEZ LES MARCHANDS DE NOUVEAUTÉS.

1827.

AVIS.

L'Auteur se propose, dans sa *Correspondance ministérielle*, de publier une suite de Lettres où il passera successivement en revue la conduite et les actes du Ministère.

Il fera tous ses efforts pour répandre dans cet ouvrage autant d'attrait que possible en adoptant une certaine diversité de tons, selon les différens sujets qu'il aura à traiter.

PREMIÈRE LETTRE

A SON EXCELLENCE

M. LE COMTE DE VILLÈLE.

Monseigneur,

Un malin esprit tourmente Paris et la province. Le droit d'examen et de critique des actes de l'autorité, tombé par malheur dans le domaine public, est devenu aujourd'hui une passion à la mode, un besoin impérieux pour un peuple d'ailleurs frivole. Ce travers du siècle gagne toutes les têtes, et, si l'on n'y prend garde, on ne trouvera bientôt plus en France des hommes assez dévoués, ni assez courageux pour oser s'asseoir au poste de ministre responsable ; surtout pour y rester sous le poids de l'animadversion générale et des accusations de toute espèce.

La Charte a tout gâté. Il n'est à présent si

mince habitant de la campagne qui ne connaisse ses droits de citoyen et qui ne parle des devoirs de ses magistrats, du maire, du préfet, même du procureur du roi. Les bons gendarmes ne sont point ménagés! on les entrave dans leurs fonctions civiles de police, et l'on pousse l'audace jusqu'à les traduire devant les tribunaux pour les plus petites pécadilles. Il y a de quoi en gémir et en être indigné.

La liberté de la presse est le mal qui dévore. Les journaux, les brochures et les petits livres ont répandu le poison dans les plus basses classes de la société. Ils ont expliqué et analysé les principes de cette malheureuse Charte et l'ont fait connaître jusques dans les moindres villages et hameaux! Comme si d'honnêtes paysans avaient besoin, pour être heureux, de savoir que les lois doivent passer avant les volontés du curé, du seigneur et du brigadier de la gendarmerie.

Encore quelque temps d'un pareil régime, et l'anarchie eût été à son comble. Car comment espérer de voir jamais renaître l'ordre et la stabilité, si l'on veut prescrire aux ministres des autels de se renfermer exclusivement dans le cercle de leurs attributions évangéliques, et si l'on s'obstine à confondre partout les gens comme il faut avec la canaille?

Les lois sont des objets de luxe, dans un état

bien gouverné. On se sert de celles qui sont avantageuses, on oublie celles dont l'exécution embarrasse. Le public n'a pas voulu de votre loi d'amour ; eh bien, Monseigneur, mille actions de grâces vous soient rendues de lui avoir donné la censure ! Vous avez trouvé le remède efficace à tous les maux qui nous désolent. Les journaux, ces abominables instrumens de discorde doivent être anéantis à tout jamais pour venger le pouvoir des calomnies et des révélations malencontreuses dont il a été frappé par eux. Sans leurs criailleries importunes, aurait-on vu de grands ministres reculer devant les infiniment petites difficultés du budget ? Aurait-on réduit les dépenses d'une misérable somme de 23 millions, signalé dans l'avenir de prétendus déficits ?... Que sont, après tout, ces déficits ? et pourquoi en épouvanter hors de mesure les esprits ? La France ne peut-elle contracter de nouveaux emprunts, payer des surcroîts d'impôts ? Vous avez établi avec une si grande supériorité de raisonnement, monsieur le comte, combien les peuples sont heureux de l'accroissement de la dette et des contributions publiques, que vous avez répondu d'avance à toutes les objections.

Ainsi donc taillez et rognez tandis qu'il en est temps. Que l'entier produit du sol et de l'industrie nationale vienne s'épurer au crible ingénieux de votre bienfaisante administration. Vous aurez *opéré*, malgré l'envie et vos détracteurs, le bonheur de la France. L'âge d'or renaîtra pour les Français !

Mais pour accomplir les vastes desseins de votre génie, aurait-il suffi que votre grande âme brûlât d'un ardent amour pour le bien public ? N'auriez-vous à redouter aucune entrave dans cette carrière épineuse ? La Charte se présente comme un obstacle toujours renaissant, et malgré qu'elle ait été essentiellement défigurée par la septennalité, le double vote, la censure, etc., etc., il en reste encore assez pour vous arrêter à chaque pas dans le cours de vos conquêtes ministérielles.

Or puisque, selon votre propre aveu, *tout oser est facile*, n'hésitez plus, Monseigneur; frappez, brisez sans pitié tous ces hochets de la puérilité humaine appelés libertés publiques. Rien ne pourra vous résister, et les clameurs de quelques hommes turbulens ne sont point capables de vous intimider. Tout le monde le sait, monsieur le comte, lorsqu'il s'agit de vous assurer la conservation du pouvoir, votre courage tient de l'audace ; aucun danger, aucune considération, ne peuvent arrêter Votre Excellence. Elle est, en cela, d'ailleurs admirablemement bien secondée par ses collègues de l'intérieur et des sceaux.

Que d'intrépidité dans la tête gasconne! Quelle vigueur et quelle force de résolution dans le cerveau breton !

Heureux triumvirat! favorable assemblage de vertus et de capacités administratives ! l'avenir de la France s'embellit des plus brillantes espérances sous le gouvernement de pareils hommes d'état!

C'est trop peu, monsieur le comte, d'avoir brûlé l'encens sur vos autels ; je me propose, pour célébrer plus dignement vos louanges et celles de vos honorables amis ; de suivre successivement Vos Excellences dans la série de leurs actes et des bienfaits qu'elles ont répandus sur le pays.

D'abord vous avez relevé le crédit public. Vos efforts et vos soins, monsieur le comte, ont été dirigés avec adresse du côté de la Bourse. Des succès remarquables ont couronné vos travaux, et vous êtes devenu roi de l'agiotage ; car l'agiotage seul a enfanté toutes ces merveilles. On a dit et répété à bon droit que vous aviez inoculé en France la fièvre du jeu de la rente qui est éminemment contagieuse, et pour la conservation de laquelle les principales Bourses de l'Europe sont devenues aujourd'hui comme des lazarets d'une espèce nouvelle destinés à propager, non à détruire la contagion.

En prononçant le mot agiotage aurais-je effarouché votre conscience, Monseigneur? Non, sans doute, je me flatte au contraire que vous aurez jugé comme moi qu'une contrainte puérile et de vains scrupules ne doivent plus arrêter un homme auquel rien ne saurait résister désormais et que toute chose peut bien maintenant être appelée par son nom. Pourquoi donc le titre *agiotage administratif* ne remplacerait-il pas celui *prospérité publique* sur les cartons du ministère? L'agiotage est le plus sûr moyen pour faire prospérer les finances dans un gouvernement.

Or, au siècle où nous sommes, argent et prospérité marchent toujours de compagnie.

Je sais bien que des esprits timorés objecteront qu'un pareil système est subversif de toute morale et de toute sécurité; qu'il prépare et doit consommer la ruine d'un état et le renversement des principes sacrés qui unissent les hommes en société.

Mais vous répondrez aux déclamations, monsieur le comte, par quelqu'une de ces adroites combinaisons qui, en écartant le point principal des discussions, établissent une confusion favorable à la logique des raisonnemens les plus obtus.

La loi des tourbillons a été imaginée par un

grand homme ; il vous appartenait, Monseigneur, de la mettre en pratique et de fonder sur elle votre puissance et le bonheur de vos concitoyens. Quelle profondeur de vues dans la création de cet immense tourbillon au sein duquel viennent se confondre le crédit public, l'ambiton et la cupidité humaine ! Vous enveloppez le plus grand nombre dans les séductions de ses propres faiblesses, de ses passions. Quant à ceux qui voudraient s'opposer à vos projets, dépossédés par vos habiles manœuvres de ce qui donne la considération et l'influence, ils demeurent sans force et sans appui. En vain l'opinion, improprement appelée reine du monde, tentera quelques efforts pour déranger le cours de vos succès ; il faudra tôt ou tard qu'elle aille s'abîmer dans le gouffre, et s'il est nécessaire vous créerez dans les provinces de petits tourbillons dont les mouvemens seront maîtrisés par celui de la capitale. Vous avez des receveurs généraux et particuliers, même des percepteurs, et vous pourrez aisément instituer un syndicat dans chaque département. Alors toute résistance sera rendue impossible. Quiconque aura des besoins d'argent devra se prosterner aux pieds de la nouvelle idole.

J'essaie de reproduire les griefs qu'on reproche à Votre Excellence, monsieur le comte, persuadé que leur injustice se fera sentir d'elle-même. On dit que vous prétendez vous maintenir au timon des affaires en dépit de toutes les plaintes, en dépit des réclamations qui s'élevent de toutes parts contre vous. On dit que vous êtes prêt à souscrire aux plus grands sacrifices pour parvenir à vos fins. Ni le salut du prince, ni celui de la France et de la monarchie ne vous feront consentir à lâcher prise. Vainement l'on vous accusera de n'avoir pas empêché les malveillans de profiter des fluctuations que le trésor de l'état permet d'opérer sur le cours des effets, et des reviremens de fonds, commissions de banque, échanges des bons royaux, etc., etc. Qu'importe à la France de connaître ceux qui ont retiré avantage de cette scandaleuse délapidation des fonds de la dernière invasion en Espagne? Vous avez provoqué des enquêtes judiciaires avec une franchise qui exclut les soupçons injurieux, et si les hautes cours et les tribunaux n'ont pu réussir à explorer les détours de ce ténébreux labyrinthe, vous ne pouviez descendre jusqu'à leur tresser un fil qui pût les diriger au milieu de ce dédale d'actions coupables.

D'autres faits se sont présentés, d'autres circonstances ont amené de nouvelles récriminations. Le plan du 3 pour cent, le projet de remboursement du 5, sont venus tour à tour occuper l'attention publique. On a crié à l'injustice lorsqu'on a pu craindre le remboursement des 5 pour cent, et certes on s'est plus attaché ici à une discussion de mots qu'à un examen sérieux de la possibilité du fait. Car le remboursement intégral était un rêve fantastique qui ne devait effrayer personne. On a traité de la moralité de la question, et l'on est tombé dans une faiblesse d'argumentation qui a rendu votre triomphe plus complet. Comment prouver en effet que tout emprunt n'est pas remboursable de sa nature? le but de votre projet n'était pas de ce côté; l'expérience l'a démontré. Vous savez fort bien, Monseigneur, que les corps sont attirés les uns par les autres, les plus petits par les plus gros, et c'est afin de faire tourner à votre profit cette loi de l'univers, que vous avez voulu former un grand centre sur lequel pussent graviter les affaires de l'état. Astre du ministère vous réagissez sur vos satellites et vous entraînez Mars Peyronnet, et Saturne Corbière, et Jupiter Clermont. Petits et grands, le reste marche à la suite, subissant la suprême impulsion. L'indemnité des émigrés a servi de base et de moralité à votre système, et c'est en donnant rendez-vous aux vieux défenseurs de l'autel et du trône, sur le terrain mouvant de la Bourse, que vous avez appris aux Français que, sans l'agiotage, il n'est point de salut.

Il est aisé de prévoir les résultats de cette concentration générale du numéraire. Pontes et spectateurs, la foule se pressera autour des tables, et comme vous avez en main les cartes et les dés, que vous êtes doué d'une adresse prodigieuse, les flots d'un peuple emerveillé viendront chaque jour applaudir et payer les tours surprenans que vous aurez exécutés. D'un autre côté l'industrie et le commerce, inventions diaboliques, sources de toutes résistances et de toute oposition, s'anéantiront par la force des choses et l'absence des capitaux. Déjà nous éprouvons d'une manière sensible les effets de cette heureuse cause, et le temps n'est pas éloigné où la France ne sera plus qu'un vaste théâtre de jeux exploité souverainement par le génie de Votre Excellence.

Que de titres à la reconnaissance de vos concitoyens, Monseigneur !.... Vous avez perfectionné le régime des élections, effacé la funeste impression des discours qu'un certain M. de Villèle, votre parent peut-être, mais qui n'était comte ni ministre, tenait en l'année 1816, au sujet de l'élection des députés du Pas-de-Calais (1).

Vainement l'orateur susdit a pu s'indigner que le nom du Roi ait été mis en œuvre pour influencer les choix des électeurs. En 1824, le ministre des finances, président du conseil, a su mépriser et reduire au néant les sophismes et les déclamations du député de l'opposition, en perfectionnant la maxime pratique de ses prédéces-

(1) *Moniteur du* 8 *novembre* 1816.—*Séance du* 7, *de la Chambre des Députés.*

Après avoir donné lecture d'une lettre du préfet du Pas-de-Calais aux électeurs, M. de Villèle termine ainsi:

« Si une émeute populaire ou tout autre motif avait » influencé une élection, la valideriez-vous? Celle du » Pas-de-Calais a été influencée par une puissance bien » plus irrésistible pour des Français; elle l'a été en abu- » sant du nom du Roi, en intimant sa volonté, en me- » naçant de son mécontentement tout électeur qui ne » souscrirait pas à l'exécution qu'on commandait en son » nom.

» Je propose à la Chambre de renvoyer, après qu'elle » sera légalement constituée, à prononcer sur le parti » qu'elle croira devoir prendre sur les élections du Pas- » de-Calais. Elles me paraissent renfermer une question » dont la décision doit avoir la plus grande influence sur » la liberté des élections *à venir* et *sur le maintien de la* » *Charte*. Ce sont les considérations qui m'ont imposé le » devoir que je viens de remplir, etc. »

seurs. Qu'on dise ensuite que votre marche est inhabile et mal assurée ! Votre Excellence a-t-elle jamais reculé devant une difficulté ? Des échecs périodiques à la Chambre des pairs sont là pour attester votre ténacité et votre persévérance. L'œuvre de la Chambre septennale serait le complément de votre gloire, si l'activité de votre génie n'aspirait pas à de nouveaux succès. Ah ! monsieur le comte, Richelieu et Mazarin sont surpassés par vous en prouesses et en calculs politiques et financiers.

Je passe sous silence un grand nombre de détails admirables qui ont marqué pendant plusieurs années votre administration ; je réserve une part de mes éloges à ceux de vos collègues qui sont le mieux entrés dans vos vues. J'arrive à la grande question qui a, durant cinq à six mois, absorbé toutes les têtes. Dès le début de cette lettre, j'ai démontré assez clairement à quelles causes il fallait attribuer les maux qui affligent le corps social, j'ai voulu désigner la presse, et c'est contre elle en effet que doivent agir sans relâche toutes les foudres ministérielles.

Le bras énergique qui a frappé successivement la Charte et les franchises nationales, a dû s'appesantir avec raison sur la liberté de la presse. Vous avez sagement reconnu, Monseigneur, que cette liberté gênerait éternellement vos *opérations*, et l'idée d'une loi d'amour s'est présentée aussitôt à votre esprit. Par la plus heureuse combinaison, la rédaction en a été confiée à celui de vos collègues qui a pu le mieux, dans sa carrière, apprécier les effets de cette passion du cœur humain. Il faut être initié aux douceurs du pouvoir absolu pour bien comprendre le mérite infini de cette production. Rien d'équivoque dans sa contexture : détruire la source du mal, anéantir la presse, était le plus infaillible moyen d'en prévenir les excès. La Chambre des pairs est demeurée insensible au sens exquis du projet Peyronnet ; elle a rendu un fort mauvais service à la nation, je vais le démontrer. Le retrait du projet a été une véritable calamité pour la France en encourageant les mécontens, en autorisant contre les ministres les cris reconnus séditieux qui ont amené le licenciement de la garde nationale de Paris.

Le scandale avait eu lieu, la malveillance avait pu, tout à son aise, agiter les populations. Pourquoi donc ne pas profiter de la lassitude du public pour cimenter cette précieuse loi ? Maintenant le peuple français, soumis et respectueux, jouirait de la plénitude des bienfaits qu'elle lui promettait ; et la censure, moyen affreux de gouvernement, qui a fait rougir de honte les ministres mêmes qui l'ont rétablie, fût devenue inutile et n'affligerait pas de son existence les hommes consciencieux.

Je me rappelle, monsieur le comte, votre première tentative sur le cinq pour cent; je me rappelle qu'ayant échoué dans la Chambre haute à une précédente session, après avoir retrempé vos armes, l'année suivante, vous vous êtes adroitement ravisé, et vous avez triomphé sur le même champ de bataille et la même matière.

On ne doit donc jamais désespérer de rien, avec vous, Monseigneur; vous trouverez dans les ressources de votre imagination de nouveaux sujets de triomphe, et la session prochaine, s'il y en a une, révélera au monde la grandeur de vos pensées.

Le triomphe de l'agiotage doit changer la face de la société. Le siècle est essentiellement enclin aux innovations, et vous flattez en cela ses goûts et ses penchans. La soif des richesses tourmente toutes les classes. Paris est un lieu de séductions où tout respire un amour effréné du luxe et des plaisirs. Foyer de la civilisation, ses modes et ses usages se répandent rapidement dans les provinces. L'attitude que vous avez prise est donc admirablement bien calculée. Vos actions sont parfaitement conséquentes du but et des principes que vous vous êtes proposés.

Voyons les immenses résultats que votre sistème doit produire.

Vous voulez, on le présume, fonder un ordre de choses immuable et indestructible, et c'est en réduisant à leur plus simple expression les rouages de l'administration que vous allez y parvenir. Ainsi, en attirant à vous tous les capitaux, vous aurez obtenu le levier irrésistible qui fera mouvoir votre machine. Plus de commerce ! plus d'industrie ! quelques familles privilégiées pour appuyer vos efforts et partager vos bénéfices ! la grande masse affaiblie, épuisée, se dirigeant comme par instinct sur vos traces, et réclamant avec d'humbles supplications quelques modiques parts à vos grâces et à vos faveurs ! Alors le vaisseau de l'état voguera à pleines voiles sur une mer toujours calme. Heureux pilote, le gouvernail ne sera plus dans vos mains qu'un instrument léger et facile.

Après cela, que des étrangers jaloux essaient d'insulter à notre gloire et à nos plus illustres guerriers, nous leur dirons que nous avons abdiqué les grandeurs de ce monde, abjuré ces illusions de l'enfance des nations. D'ailleurs la gloire est inévitablement séditieuse puisqu'on ne peut en faire sans le concours de la multitude. Que l'Angleterre dédaigne notre puissance et que l'Espagne repousse nos conseils, nous reconnaîtrons avec une humilité toute chrétienne que notre règne n'est pas de ce monde, et que c'est pour le bien du ciel que nous travaillons ; et si le ministre d'une république lointaine et de fraîche date, s'oublie au point de vouloir nous admonester et nous offrir des réprimandes et des leçons en diplomatie, nous recevrons ses outrages comme le soufflet dont parle l'Evangile. Alger seul, Alger a encouru toute la fureur des vengeances ministérielles ; des injures d'une nature fort grave ont blessé la France au cœur, dans la personne du Saint-Père ; une réparation sanglante doit effacer les atteintes portées à la majesté de celui à qui toute effusion de sang fait horreur, et dont l'honneur est au-dessus des outrages des hommes. Cette guerre, nouveau sujet de dommages et de pertes pour notre commerce, est d'ailleurs un gage de plus fourni par les ministres dans leur alliance avec les ultramontains.

Puisse une expédition aussi sainte obtenir la pl us glorieuse issue ! Puissent les fortifications formidables qui défendent la capitale de ce pays de corsaires et de forbans, disparaître a . seul aspect de notre flottille et tomber comme les murs de Jéricho ! Puisse un blocus de trois mois suffire à interdire toute sortie des corsaires algériens, et à réduire aux abois la ville et les populations barbaresques ! Alors le dey et les grands seigneurs de sa cour viendront, pieds et poings liés, faire amende honorable et promettre solennellement de ne plus tolérer la piraterie, et de proscrire pour toujours la traite et l'esclavage des chrétiens. Tel est l'honneur insigne, monsieur le comte, qui semble attendre la fin de votre glorieuse entreprise.

J'ai exprimé mon suffrage en faveur du rétablissement de la censure quant aux résultats qu'elle promet ; Monseigneur, je suis forcé toutefois d'en condamner le principe, et je confesse que ma conviction a été complétement formée par les raisonnemens et les discours de votre ancien antagoniste M. de Villèle de la Haute-Garonne, dans les sessions de 1816, 1817, etc. Il n'y a rien à opposer à cet égard à l'opinion du loyal et fidèle député de Toulouse. A l'exception du respect et de l'attachement profond que ce député professait alors pour la Charte, je me trouve en tous points de son avis.

A la vérité, pour atténuer l'horreur de cette mesure, vous avez adopté des formes et une apparence de modération. Mais personne ne s'est laissé prendre à ces dehors trompeurs. Le public a glosé sur l'ensemble et sur les détails ; l'irritation n'a pas été vague, mais elle a été réelle. En vain *le Constitutionnel* a présenté dans les premiers numéros de son journal censuré les articles d'une sorte de capitulation. On a persisté à croire que des piéges avaient été dressés et que la peur livide et tremblante avait seule fait sourire le journal libéral, comme l'oiseau qui jette encore un dernier cri d'amour sous la serre du vautour affamé. Ce sourire de la mort n'a pu consoler les derniers instans de *la France Chrétienne*, journal condamné et exécuté dans les 24 heures par la censure. Exécution à la manière orientale, qui a soumis irrévocablement tous ceux qui auraient eu dessein de protester!... Le moyen de ne pas se rendre à des argumens aussi entraînans! Depuis lors la polémique a déserté les colonnes des feuilles jadis rebelles, et le *Moniteur* s'est levé radieux pour éclipser tous ces astres errans de l'idéologie et de la perfectibilité humaine. Qui osera désormais lutter contre la logique et l'éloquence du journal officiel? Le champ de bataille et les honneurs de la victoire vous sont donc restés, Monseigneur, et vous allez vous reposer tranquille à l'ombre de vos lauriers! La manie de la politique est un feu que vous saurez éteindre avec les pompes du trois pour cent et l'immense boisseau dont vous allez couvrir la France à l'aide du rétablissement de tous les ordres monastiques, à l'aide de ces bons jésuites et de leurs congrégations des deux sexes. Personne ne lira plus, et si ce n'est les livres saints et les mandemens de nos évêques; libelles, pamphlets, mémoires à consulter, etc., toutes ces viles productions passeront inaperçues pour aller se perdre chez l'épicier. »

On ne fera plus retentir en France le scandale des crimes isolés de quelques membres du clergé, que la malveillance sait malheureusement trop bien faire connaître. Au sein même de la capitale, un prêtre attaché à une paroisse de l'un des faubourgs aura pu *tout récemment* se rendre coupable d'un crime odieux et révoltant sur la personne d'une jeune fille de cinq ans, qui a été victime de la plus hideuse brutalité et des horreurs d'une maladie affreuse qui lui a été communiquée par ce monstre; la censure interposera son baillon pour empêcher qu'un pareil récit ne vole de bouche en bouche aux quatre coins de la France.

De la hauteur de votre position, de minces détails peuvent bien vous échapper, Monseigneur; mais l'œil de l'aigle plane et s'étend d'un bout à l'autre de notre territoire pour diriger l'ensemble des *opérations;* et, comme président du conseil, nul ne peut douter que vous ne portiez quelquefois vos regards même au-delà de nos frontières, et que les états de l'Amérique du sud, Buenos-Ayres et le Brésil, l'Angleterre, le Portugal et l'Espagne, la Russie et la Grèce, l'Autriche et la Turquie n'occupent alternativement vos sages méditations.

Les circonstances actuelles sont de la plus haute gravité. Le sceptre de la suprématie européenne semble tomber des mains de l'Angleterre par la mort de son premier ministre. Qui le relevera, Monseigneur? Ce sceptre n'est point une crosse, ni seulement un caducée; ce sont les armes d'Achille qui ne conviennent pas à toutes les statures. Mettez-vous donc sur les rangs; entrez en lice avec le vieux Metternich, et surtout ménagez-vous d'avance la retraite la moins honteuse, car la Russie vous oppose un antagoniste bien redoutable, et les chances favorables du combat ne sont point pour vous.

Dans mes prochaines lettres, après avoir abordé la question inépuisable des jésuites, je reprendrai toutes ces choses avec de plus grands développemens; car je veux élever un monument en l'honneur de votre système et de votre ministère.

Daignez agréer, etc.

DEUXIÈME LETTRE.

AU MÊME.

MONSEIGNEUR,

S'il était permis de pénétrer le mystère de la marche actuelle des choses, je voudrais savoir quels sont le but et l'utilité de ces congrégations dites religieuses qui enveloppent la France d'un impénétrable réseau. Des liens de confraternité les tiennent étroitement unies entre elles, et elles existent dans une affinité parfaite avec les jésuites. On ne peut douter qu'une soumission aveugle et absolue ne les place sous l'influence et le commandement immédiat des révérends pères; elles forment donc une milice occulte, une masse compacte destinée à servir les projets des chefs qui marchent à leur tête.

Le triomphe des principes religieux est le but avoué de ces associations. Il faut voir comment on peut raisonnablement se promettre qu'elles ne s'en écarteront jamais.

Je laisse de côté les questions qui se rattachent à la légalité de la présence individuelle des jésuites sur le sol français. Ici la Charte les a couverts de sa protection, elle s'est chargée du soin de les laver de la réprobation ignominieuse dont les arrêts de nos anciens parlemens et les ordonnances de nos rois ont frappé jadis leur compagnie. Je veux admettre en leur faveur, dans sa plus grande extension, le principe d'union et d'oubli, qui semble avoir dicté notre nouveau pacte fondamental. Je ne leur opposerai point non plus la honte des mesures d'expulsion qui les ont forcés d'abandonner, depuis quelques années, les grands états de l'Europe. Tous ces antécédens peuvent être insuffisans pour convaincre les incrédules; ils ne sont d'ailleurs d'aucun poids pour déterminer la violation des lois qui nous régissent, et pour entraîner de plein droit leur proscription. C'est dans leurs statuts, dans l'esprit et la tendance de leur secte, dans leurs affiliations et l'ensemble de leur société, et dans leurs usurpations récentes de fonctions publiques que nous trouverons des armes pour les combattre; et si d'une part la Charte leur a permis de rentrer en France et de reprendre leur véritable nom, de l'autre, les devoirs qu'elle leur impose sont incompatibles avec leur essence, avec leurs funestes projets, et leur ambition plus funeste encore. Le procès des jésuites est donc à refaire. Passons en revue les faits actuels qui doivent amener leur condamnation.

Les jésuites sont en état continuel de conspiration contre nos libertés et nos lois, contre les droits de la couronne, contre les pouvoirs constitutionnels du gouvernement établi! En tant qu'ils existent comme société, ils violent les lois qui défendent les associations de plus de vingt personnes, celles qui régissent l'instruction publique, celles qui proclament la tolérance en matière de religion. Ils sont les plus audacieux ennemis de la religion de l'état, puisqu'ils cherchent à la faire servir d'instrument à l'exécution de leurs coupables desseins; c'est sous le voile d'un zèle feint et d'une fausse dévotion qu'ils osent s'immiscer dans les affaires temporelles, au mépris des sages maximes de N. S. J.-C.

Je m'arrête!.... En voilà bien assez, Monseigneur; et si je parviens à appuyer tous ces chefs d'accusation par des preuves incontestables, il ne vous restera plus qu'un bien rigoureux ministère à exercer.

Les jésuites conspirent contre nos lois et nos libertés, contre le prince et les pouvoirs constitutionnels de l'état! Leur crime est flagrant contre la constitution! C'est à la faveur de l'habit qu'ils portent qu'ils vont semant de toutes parts la désaffection et le mépris de cette base de notre édifice social. Ils enseignent à la jeunesse des principes subversifs de toute morale; car la vraie morale apprend à respecter le bien d'autrui; à se soumettre aux lois de son pays, et ce n'est point respecter le bien d'autrui que d'employer des moyens de ruse et d'astuce pour accroître sa fortune aux dépens d'un peuple abusé par de fallacieuses promesses. Ils déclarent que c'est pour *le bien du Ciel* qu'il faut dépouiller les particuliers du leur, mais c'est afin de s'en investir eux-mêmes. Ils vantent le mépris des richesses à la crédulité ignorante pour s'enrichir plus aisément. Ce n'est point vivre soumis aux lois que de les attaquer sans cesse dans leur existence, de déclarer qu'elles émanent d'une source impure, et qu'elles reposent sur de faux principes; de préconiser les principes les plus opposés, comme meilleurs, comme seuls équitables, et comme seuls approuvés de Dieu; de montrer enfin, en dehors de l'état, un pouvoir étranger supérieur à tous les autres, qui peut à son gré blâmer, censurer, réduire au néant l'ordre existant, pour le remplacer selon ses caprices. Tel est cependant l'esprit d'ultramontanisme que les jésuites ont adopté, et qu'ils s'efforcent de faire prévaloir dans tous les lieux où ils peuvent mettre en œuvre leur fatale influence.

Suivant les jésuites, notre loi fondamentale

et toutes les lois que la raison des siècles nous a léguées, sont l'ouvrage du démon. Ils le déclarent et l'enseignent à leurs prosélytes; corrompant ainsi une partie de la population, ils la jettent d'abord dans l'indifférence de la patrie, puis dans la haine de nos institutions, pour l'exciter ensuite plus tard aux résistances et aux séditions! Si ce n'est point là conspirer, il faut refaire notre langue et notre jurisprudence.

Nos libertés en général, et celles de l'Eglise gallicane en particulier, n'ont point d'adversaires plus redoutables ni d'ennemis plus acharnés. La liberté de la presse est l'objet constant de leur aversion la plus implacable, parce qu'elle contrarie leurs envahissemens, et qu'elle signale leurs perfides manœuvres. Toutes les tentatives qui ont eu lieu depuis quelque temps pour le renversement de ce droit des Français doivent donc être attribuées à leurs intrigues, à leurs conseils et à leurs menaces même. La liberté de conscience les fait rugir! L'entendement humain ne peut, à leurs yeux, sans un crime énorme, dépasser ni changer les limites qu'il leur a plu d'imposer à notre intelligence! Penser autrement que les révérends pères en matière de religion comme en toute autre matière, c'est avoir mérité la mort et les peines de l'auto-da-fé! Ils ne reconnaissent point les prérogatives de l'Eglise gallicane, parce que, d'après leurs doctrines, il ne peut exister en France que des pouvoirs secondaires soumis à l'autorité souveraine des papes, ou mieux encore, de leur général.

Ils conspirent contre le prince, contre les pouvoirs constitutionnels de l'état! Le Roi n'est point, à leur avis, le chef suprême de la nation!... Jusqu'au moment où leur puissance sera complétement affermie, ils consentiront sans doute à appuyer la marche du gouvernement autant de temps qu'elle demeurera en harmonie et en parfaite identité avec leurs vues et leurs intérêts; mais le jour où, revenu d'une trop imprudente sécurité, et effrayé de leur exigeance et de leurs prétentions, on voudra songer à arrêter leurs progrès, on verra qu'ils ont longuement conspiré contre les dynasties et les gouvernemens! Le fanatisme est leur plus terrible auxiliaire, car avec lui marchent le poignard, le poison et l'incendie; et leurs doctrines justifient et légitiment tout ce qui peut servir à leur avantage; l'histoire est là pour le prouver

Comme association politique ou religieuse, nos lois réprouvent leur existence; et je ne crois pas qu'il ait paru de nos jours aucune ordonnance contresignée par un ministre responsable qui ait autorisé le rétablissement de cette trop fameuse compagnie, sous le nom de *Jésuites*.

Or, s'ils sont venus déguisés s'impatroniser parmi nous, maintenant que leur masque est tombé, il faut les poursuivre en vertu de nos lois qu'ils ont violées.

L'indignation et les périls semblent redoubler lorsqu'on les voit s'emparer audacieusement de l'instruction publique, et sous le nom de *petits séminaires*, élever sur tous les points de la France des institutions enseignantes qui échappent à la direction de l'université, et qui, affranchies des impôts et des rétributions légales, peuvent lutter avec une supériorité meurtrière contre les colléges royaux et les pensions universitaires. Il y a ici usurpation manifeste de fonctions publiques, danger imminent pour le corps d'enseignement légalement institué, violation nouvelle de nos lois.

Et si l'on demande encore quelle est cette faction avide qui se pousse et se presse dans toutes les carrières, dans les administrations et dans les conseils, qui soumet nos provinces et nos populations aux hideuses conditions de ses catégories et de ses investigations malfaisantes, n'aura-t-on pas désigné le jésuitisme ?... Il marche comme le génie du mal, tantôt fier et audacieux, tantôt cauteleux et soumis, suivant les occurrences et les événemens.

Après avoir ainsi résumé les causes qui accusent et doivent faire condamner les jésuites, il suffit d'interroger les faits et la conscience publique pour obtenir une entière conviction de leur criminalité. S'ils sont criminels, le pouvoir exécutif doit les poursuivre, nous avons des tribunaux pour les juger. Avant tout, l'obligation de dissoudre leur société est imposée au gouvernement; cette mesure de sûreté publique doit frapper en même temps ces innombrables congrégations dont on a parlé plus haut, qui peuvent être en général composées d'individus de bonne foi, mais dont le but n'en est pas moins d'agir simultanément, et de coopérer, par un accord fanatique, à la prospérité et à la défense du jésuitisme.

Toutes ces accusations ont été mille et mille fois répétées! Plaise au ciel, Monseigneur, qu'elles n'aient plus besoin de l'être encore!

Maintenant il faut opter entre l'infamie et le devoir, entre l'abîme et le salut de la France!

Quelle raison d'état serait assez puissante pour motiver l'alliance d'un gouvernement avec une pareille secte? L'intérêt de la religion a-t-il le moindre rapport avec la correspondance régulièrement organisée entre les congrégations et de France et d'Europe? La véritable piété n'y trouve aucun avantage, et l'amour du prochain n'est point la base d'une ambition spoliatrice!

Evoquons les souvenirs des temps passés! Rappelons-nous les principes dans lesquels les générations furent élevées en France, depuis soixante ans et plus. Dans cet accord unanime de mépris et de haine contre la secte hypocrite et perverse, aucune voix n'a osé nous entretenir des regrets de sa perte, aucun parti ne s'est présenté pour prendre sa défense; car les amis de la vieille monarchie n'ont jamais pu cesser de reconnaître dans les jésuites les mortels ennemis de nos rois; et les partisans de la liberté, sous toutes les formes de gouvernement, ont appris à détester ceux qui aspirent à devenir les oppresseurs du genre humain.

Et tandis qu'au milieu des tempêtes et des convulsions politiques, les partis opposés, tour à tour vainqueurs ou vaincus, ont continué de voir leur ennemi commun dans le jésuitisme, ne craindra-t-on plus aujourd'hui de blesser cette conscience profonde de la nation? Laissera-t-on s'enfoncer plus avant le poignard qui perce au cœur notre corps social et qui menace de le déchirer en lambeaux hideux et sanglans! Et l'on rechercherait encore les causes de ce malaise général, de ce mécontentement indélébile qui agite la société!... N'est-il donc pas assez évident qu'un cancer politique la dévore; que ce cancer est le jésuitisme?

Et comme si le mal n'eût pas été assez grave, la censure est venue en accroître l'intensité ! Retranchés derrière cette sauvegarde précieuse et exclusive, les jésuites vont étendre leurs ramifications et leurs empiètemens. C'est pour eux et par eux que les organes de l'opinion publique sont devenus muets ! Aucunes plaintes, aucunes discussions sur cet intarissable sujet ne seront désormais permises. Sans doute à la faveur d'un pareil privilége les ministres parviendront à prolonger pour un peu leur existence ; les jésuites seuls en profiteront.

Toutefois j'appréhende fort, Monseigneur, que vous ne considériez ces déplorables calamités comme un des moyens de consolidation de votre omnipotence. Ainsi vous vous chargeriez, à la Bourse, de soumettre à vos *adroits calculs* la classe des capitalistes, tandis que les autres classes iraient se fourvoyer et se corrompre dans les intrigues, le fanatisme et l'esprit de bigoterie des congrégtaions jésuitiques.

La France ne formerait plus dès lors qu'une nations de joueurs, de faux dévots et d'ambitieux sectaires ! conséquence rationnelle et inévitable de cette direction des affaires publiques.

Dans les colonies, monsieur le comte, on peut parquer les esclaves comme des moutons, et les employer violemment à tous les usages domestiques; mais, au sein de l'Europe civilisée, réduire un peuple tout entier à une condition aussi abjecte; le destituer de sa gloire, lui ravir ses beaux-arts, ses sciences, son industrie, pour le plonger dans l'ignorance et le fanatisme, n'est-ce pas le dépouiller de toute puissance, de toute richesse; le rendre tributaire de ses voisins, et le dégrader aux yeux du monde entier? Or, ce n'est point en absorbant tous les capitaux par le jeu des rentes que vous conserverez à la France les avantages d'une grande nation; ce n'est point dans les écoles et par les leçons des jésuites que vous formerez des sujets utiles aux sciences, aux arts et aux découvertes du génie. Cependant, tandis que vous avez détruit les écoles d'arts et métiers et de sciences (l'école normale, celle de Châlons, etc.), sur tous les points de la France on a élevé des couvens et des monastères, rétabli tous les anciens ordres religieux.

Monseigneur, Rome fut grande, victorieuse et maîtresse du monde. Ses guerriers étaient fiers et intrépides et ses citoyens magnanimes et éclairés; Rome fut vaincue par les Barbares, mais Rome est encore debout pour la leçon éternelle des hommes! Que sont maintenant les descendans de la république? où sont ces phalanges invincibles et ce peuple brillant et policé? Quelques soldats armés de parapluies; une populace dégradée et corrompue courant en guenilles au forum, au capitole, précédée par des pèlerins. des abbés ou des moines de toutes les couleurs; La corruption, la paresse, et une indifférence approchant du mépris pour les choses religieuses : voilà Rome et les Romains d'aujourd'hui!

Je ne veux pas dire que le christianisme ait produit ces tristes résultats, mais ne prouvent-ils pas assez que le gouvernement théocratique est le pire de tous, et qu'une chose inadmissible, en économie politique, c'est la réunion des deux puissances temporelle et spirituelle dans les mêmes mains.

Veuillez me permettre de renvoyer à une prochaine la suite de ces considérations, et agréez, monsieur le comte, etc.

Correspondance Ministérielle.

TROISIÈME ET CINQUIÈME LETTRE

A SON EXCELLENCE LE COMTE

DE VILLÈLE,

PAR E. PL.

Justice !

PARIS,
CHEZ LES MARCHANDS DE NOUVEAUTÉS.
1827.

Correspondance Ministérielle.

TROISIÈME ET CINQUIÈME LETTRE

A SON EXCELLENCE

LE COMTE DE VILLÈLE.

IMPRIMERIE DE C. FARCY,
rue de la Tabletterie, n° 9.

AVIS.

La Correspondance Ministérielle sera continuée avec soin. Elle embrassera les circonstances et les faits les plus remarquables de la politique, soit intérieure, soit extérieure. Son but est de rechercher les vices de l'Administration actuelle, et de présenter les moyens qui pourraient amener un meilleur état de choses.

TROISIÈME LETTRE

A SON EXCELLENCE

LE COMTE DE VILLÈLE.

Rien n'est changé, Monsieur le Comte; toujours entraîné dans la même ornière, votre char ministériel s'enfonce, et tandis que la foule s'impatiente et crie au cocher : *arrête et détourne!* celui-ci, obstiné et insolent, répond par des juremens énergiques, et pousse dans la même direction. Un coup de fouet lancé en même temps frappe et renverse un homme en place survenu là par hasard; heureusement il se relève aussitôt, avec dignité, aux grands applaudissemens du public. « Enragé valet, qui te rend si hardi? aurais-tu acquis un brevet d'impunité, et serais-tu de la Congrégation, pour maltraiter ainsi des citoyens paisibles? » Au même instant un piquet de gendarmes accourt et se précipite sur les groupes. On fuit, on se disperse: mais les pieds des chevaux et les coups de sabres ont fait des victimes et des blessés; et le pauvre peuple souffre et gémit!

Dans ce siècle moral et religieux devra-t-on tout faire revivre; tout, excepté la justice et l'humanité? Ah! mon doux Seigneur, songez un peu mieux à nous préserver des mauvais traitemens de vos faquins de valets et de vos gendarmes.

Nous étions deux à trois mille au convoi d'un homme de bien. Nous allions dans le plus grand recueillement déposer son corps à l'église, de là au champ du repos. Nos prières étaient ferventes, car nos regrets et nos larmes étaient sincères. Le convoi, calme et silencieux, donnait à la cérémonie religieuse un aspect magique et imposant. L'élite de la France implorant au pied des autels les bénédictions du Très-Haut, augmentait l'éclat de cette pompe funèbre et devait rehausser aux yeux des hommes la majesté de la religion. Mais l'envie et l'impiété s'agitaient au dehors du temple! Des barbares pour qui rien n'est sacré avaient préparé le désordre et le scandale, afin d'assouvir leur soif de vengeance et leurs fureurs jalouses! A peine le cortège a-t-il repris sa marche et va-t-il s'éloigner de l'église, qu'une troupe armée se présente, et attaque les assistans!... Le tumulte est affreux; les files s'interrompent. Les rangs sont confondus! les hommes d'armes l'emportent sur un peuple inoffensif et désarmé. Ils frappent à coups redoublés. Les amis du défunt qui avaient voulu jouir du douloureux honneur de transporter ses dépouilles mortelles, sont heurtés violemment! On les pousse, on les renverse, et le cercueil entraîné roule et se brise sur le pavé et dans la boue!... Oh! puissance de la vertu! n'as-tu donc rien de respectable pour d'ambitieux fanatiques?...Mais les lois sont là pour punir les coupables, pour réprimer les outrages faits au culte. L'autorité veille pour protéger l'ordre de ses cérémonies et la vie des fidèles. Vain espoir! un bandeau funeste a couvert les yeux des magistrats. Une influence occulte a paralysé l'action de la justice. Le crime demeure impuni!

Quel est donc ce génie malfaisant qui plane sur nous, Monseigneur? Conserverons-nous dans sa pureté le culte de nos pères, ou bien l'hypocrisie s'en emparera-t-elle audacieusement pour en faire l'instrument de ses turpitudes?

En morale comme en économie politique, Monsieur le Comte, tout se lie et s'enchaîne inévitablement. Vous ne pouvez adopter un principe sans en admettre les conséquences. Que voulez-vous? qu'espérez-vous? Le jésuitisme marche en sens inverse de l'état social : et vous le tolérez et le protégez, ou plutôt vous vous traînez à sa suite. Nous laisserez-vous ramener sans pitié aux jours désastreux de l'anarchie féodale ? Alors on déposait les rois : les bulles des papes les dénonçaient à la haine de leurs sujets. Plus tard, le poignard devint une ressource puissante, et le jésuitisme fourit ses Clément, ses Chatel et ses Ravaillac! Gardez-vous de croire que les vues et les sentimens de cette secte soient changés. Elle vit et se perpétue dans la même tendance et le même esprit. Elle résiste au temps, aux grandes commotions politiques, aux proscriptions, parce que son existence est fondée sur une passion imperturbable, l'ambition du pouvoir, l'amour de la domination.

Que l'attachement aux choses d'autrefois ne serve pas de prétexte à une monstrueuse alliance. Il faut la rompre si elle est commencée ou l'éviter soigneusement si elle est encore à faire. Il n'y a de ce côté ni sécurité ni repos; car, au moment où vous croirez marcher de concert et de front avec les jésuites, ils vous auront déjà dépassé!

Pour mieux vous faire apprécier le mérite de ce conseil, permettez, Monseigneur, que j'emprunte le secours de la fable de notre inimitable Lafontaine, *le Renard et le Bouc*, et que j'en essaie le commentaire et l'application. Elle débute ainsi :

« Capitaine Renard allait de compagnie
« Avec son ami Bouc des plus haut encornés.

« Celui-ci ne voyait pas plus loin que son nez ;
« *L'autre était passé maître en fait de tromperie !*

Chercherez-vous longtemps l'analogie et la ressemblance de ce renard si habile dans l'art de la tromperie? n'est-elle point frappante et peut-on s'y méprendre? Les enfans de Loyola ne le cèdent en rien au capitaine de la fable. Prudens et rusés comme le serpent, ils se glissent en rampant, dans l'ombre, pour arriver à leur proie. Jusqu'à ce qu'ils aient pu la saisir ou la frapper, aucun indice, aucun bruit n'ont décélé leur approche; mais, dès qu'assurés de la victoire, ils ont montré leurs dards et fait entendre leurs sifflemens, la victime est étouffée dans leurs replis ou tombe percée de leurs traits venimeux. La ruse est leur instinct, le poison leur essence!

Voilà donc un premier sujet bien appliqué à la comparaison que je veux établir; nous ne seront guères plus embarassés à trouver le second, car c'est vous, Monseigneur, et votre Ministère, qui méritez le privilège de jouer, dans mon commentaire, le rôle de l'ami bouc. A tout seigneur tout honneur, les jésuites eux-mêmes ne seraient pas en droit de vous le refuser.

Or, je suppose un instant que vous avez bien voulu vous prêter de bonne grâce à cette innocente fiction en y acceptant une place, et qu'un général fameux en tête de sa noire milice représente trait pour trait *capitaine renard.*

« La soif les obligea de descendre en un puits :
« Là chacun d'eux se désaltère. »

Que ce soit la soif ou la faim qui ait fait descendre en notre puits les révérends pères; ils ont pu, convenons en, satisfaire *abondamment* à l'une et à l'autre. Quelle abondante curée après avoir été chassés honteusement de toutes les contrées d'Europe où ils exerçaient leur bénigne industrie!... les places dans le gouvernement, les faveurs du trésor promises ou dévolues à leurs créatures, à leurs amis, la jeunesse confiée à leurs leçons, soumise à leur inffluence, le pouvoir suprême peut être dévoué à leur avenir! mais en seront-ils désaltérés?... car je présume bien que quant à vos seigneuries, les parts qui leur sont faites ont su appaiser leur appétit.

Sans qu'il soit nécessaire de les répéter, les vers qui suivent ne retracent pas mal les discours et les ruses de ces messieurs. Ne les a-t-on pas vus grimper *le long des échines* de vos excellences, et s'ils ont déjà les pieds sur les *cornes*, ne devez-vous pas craindre qu'ayant enfin triomphé, ils ne vous abandonnent aussitôt.

« En toute chose il faut considérer la fin. »

La conclusion et le conseil sont merveilleusement bien amenés, et pour démontrer qu'ils ont rarement observé cette règle de conduite, je demanderai aux Ministres quelle est la fin qu'ils se proposent en prêtant leur appui aux renards et aux loups. Pourquoi nos provinces appauvries et dépouillées insensiblement de ce qui fait la prospérité et le bonheur des peuples, se couvrent-elles de toutes parts de monastères et de couvens? qu'attendent-ils de ces masses improductives dont l'âme et l'esprit résident hors du territoire français, et qui semblent prêtes à se mouvoir avec une obéissance passive à la voix d'un chef étranger?

Pourquoi, sans oser avouer ouvertement leur alliance avec les jésuites, protégent-ils l'existence de la Congrégation, au point d'arrêter, par des moyens illicites, la circulation des ouvrages venant de l'extérieur, qui pourraient jeter une nouvelle lumière sur les ténébreux desseins de cette infâme compagnie? Les lignes de nos frontières doivent-elles être considérées comme les murs d'une prison dont le ministère aurait seul les clefs? une loi aurait-elle d'ailleurs investi les ministres du pouvoir de tenir ainsi notre nation en état de blocus ou d'interdit? ou bien, le secours des lois n'est-il plus qu'une vaine obligation qui doit céder et disparaître devant leur bon plaisir?

Tranchons le mot : il est évident que toutes ces choses n'ont lieu que pour comprimer l'élan généreux qui pousse le peuple français dans la carrière des améliorations et du perfectionnement des connaissances humaines. Vous redoutez la propagation des lumières! elles sont, à la vérité, un obstacle aux exactions, aux infidélités des agens du pouvoir : avec elles des ministres sont contraints quelquefois de soumettre leurs actes aux règles de la justice et du devoir. Le jésuitisme, on le sait, n'est point aussi exigeant; et pourvu qu'on le laisse poursuivre à sa guise l'exécution de ses plans, il marchera d'autant plus volontiers dans une obscurité profonde, que les ténèbres sont une condition de son existence.

Voilà peut-être les causes de vos intelligences avec les jésuites, et de l'extrême prédilection que vous avez conçue pour eux. Il y a entre vous sympathie d'actions et d'intentions!

Mais tandis qu'il reste encore aux amis de la patrie les moyens de dénoncer hautement d'aussi coupables pensées, il faut montrer avec énergie à tous les Français, au Roi lui-même, ce qu'ils ont à attendre de ces horribles trames. Eh quoi! vous voulez défendre le trône des attaques d'un parti nombreux et redoutable, la démocratie, dont, selon vous, le torrent coule à pleins bords sur le sol national. Quel est donc ce parti, quelle est cette démocratie, et quels sont ses élémens? la classe des cultivateurs et des propriétaires fonciers. Mais les champs sont leur domaine; ils y vivent paisibles et étrangers aux passions et aux intrigues des grands; ils arrosent de leurs pénibles sueurs un sol rendu fertile par d'honorables travaux. Chaque jour ils vous envoient avec une vertueuse résignation, pour entretenir votre faste et votre opulence, les tributs de leurs épargnes et de leurs veilles. Ou bien encore la classe des commerçans : active et industrieuse, elle ne prospère que dans la paix ; c'est elle qui répand dans la société les bienfaits de ses découvertes et de ses entreprises, qui travaille sans cesse à augmenter l'aisance et le bien-être des populations par un heureux concours de soins et d'efforts, pour multiplier entre les diverses contrées les facilités des communications et des débouchés des denrées et des différens produits. C'est le commerce et l'industrie qui soutiennent aux extrémités du monde l'honneur et la gloire du nom Français ! Où sont donc les perturbateurs et les séditieux ? où sont les révolutionnaires ennemis des trônes et des gouvernemens ? quelle unanimité de vues les rassemble pour renverser l'ordre établi et le régime des lois ? Un lien commun unit, il est vrai, tous les cœurs, un attachement sympathique parle en même temps à tous les intérêts : c'est la voix de la morale, c'est l'amour de la justice qui forment leur accord et leur harmonie.

Respectez ces principes divins et éternels, renfermez-vous dans les bornes de la vérité, alors plus de résistences, plus d'ensemble possible entre-des élémens si épars et si divergens. L'ordre et le calme sont les résultats inévitables que vous obtiendrez de ce côté. Le peuple français n'est point sans raison ni justice; il ne vous demande que la paix et la liberté. Qu'y a-t-il dans ces vœux, qui ne soient pour vous un devoir strict et religieux?.... et vous vous armez contre lui : associés à ses ennemis naturels, vous méditez sa ruine et son oppression!

Quels sont donc ces hommes que vous avez admis dans vos rangs? d'où viennent-ils et où veulent-ils aller? Ils ne travaillent point la terre. Ils n'apportent aucun secours au commerce ni à l'industrie. Ils ne consolent point le malheur des hommes par les conseils de la morale et de la vraie religion. Ils ne vivent pas au sein des campagnes, pour en éclairer les habitans par les leçons et l'exemple des vertus. Et cependant, ils forment un corps nombreux qui s'étend de toutes parts, qui enlace dans ses ramifications le pauvre comme le riche, qui se fortifie de toutes les faiblesses, et qui peut, au gré des circonstances, opposer une masse d'airain qu'il est impossible de briser, ou paraître un faible roseau que les vents ne déracinent pas. Ce n'est point au nom de la justice qu'ils se lèvent et se rassemblent; ils existent, ils sont debout avant la justice, avant les lois, avant le bonheur de l'humanité! Et comme si ce n'était déjà trop pour les rendre coupables, ils portent une main sacrilège sur les choses les plus sacrées; ils appliquent les maximes les plus saintes aux mesures subtiles de leurs ambitieux desseins. Ils osent arborer l'étendard de nos pères, la bannière de la religion du Christ! non, ce drapeau n'est point le leur! Le jésuitisme n'est pas au fond une association religieuse, c'est une secte diabolique, dont le but est tout politique et anti-social. Dans leur aveuglement, les ministres espèrent-ils commander à de pareils hommes, les soumettre à leurs volontés? ah! qu'ils cessent de s'abuser aussi étrangement. Implacables dans leurs haines, terribles dans leurs vengeances, ces hommes sont inexorables dans leurs prétentions.

Ainsi les lois ordonnent; la morale, l'humanité prescrivent; le salut de la France et de la monarchie exigent le plus prompt remède à cette grande calamité. Il n'y a ni paix, ni trêve, ni transactions possibles. Plus de jésuites! plus de censure! c'est le cri de l'honneur, de la justice et de la dignité nationale. La censure est fille du jésuitisme. Aucun autre cause n'a pu amener son rétablissement, car elle n'appartient aux ministres que par un amour étroit de conservation purement personnelle. Profitable au seul génie du mal, elle aiguise les poignards de la révolte et du fanatisme, et laisse le champ libre à la malveillance pour répandre les alarmes et propager au sein des populations la haine contre les gouvernans. Les jésuites sont donc seuls appelés à en profiter!

Un écrivain est-il répréhensible, Monsieur le Comte, lorsqu'il a le courage de signaler de si grands maux? Je ne vous ferais pas l'injure de vous prêter une réponse défavorable. C'est une loi de nécessité à subir tant qu'il restera en France quelques vestiges du gouvernement représentatif.

Maintenant parvenus au terme de cette accablante discusion, nous aurions à cœur de pouvoir diriger nos regards vers de plus riantes perspectives; mais la patrie ne peut se consoler des déceptions du présent, par l'aspect des catastrophes promises à l'avenir.

La défiance et la corruption se glissent dans toutes les classes, la stupeur et le découragement germent dans le cœur du simple employé comme dans celui des chefs des corps civils et militaires. Un engourdissement général pèse sur les ressorts de la machine administrative, et en particulier sur le département de l'Intérieur. Nouvelle tête de Méduse, le ministre de ce département a pétrifié tous ceux qui communiquaient avec lui. Et cependant l'on assure que de nouveaux embarras se présentent, que des dépenses utiles seront supprimées ou réduites pour faire face à d'autres besoins. La liste civile est obérée, dit-on, Monsieur le Comte, et vous avez fait disparaître le ministre responsable qui en était chargé! Le roi de France sera-t-il forcé de faire à la nation un appel pour payer les dettes de sa maison ; et des serviteurs incapables ou mal intentionnés qui ont causé les désordres et la profusion dans ses revenus, ne pourront-ils être poursuivis ? La Couronne a les mêmes droits que la France, elle doit être vengée des prévarications de ses agens.

L'armée et son ministre ne marchent pas mieux ensemble. Les anciens abus de la discipline et les préjugés de la naissance semblent avoir repris tout leur empire. Il est étrange autant qu'affligeant d'apprendre que le colonel d'un regiment use impunément aujourd'hui du droit de vie et de mort sur ses soldats. On dirait même que les ministres approuvent cette innovation barbare, puisqu'ils ne veulent pas permettre aux journaux de rapporter des faits d'une nature fort grave, sur lesquels la publicité ne pourrait exercer qu'une influence favorable. (1)

La vie d'un soldat français est-elle donc si peu de chose durant la paix, qu'il ne soit permis au

---

(1) Voir le récit de la punition infligée à un soldat par son colonel, dans la défense imprimée du *Constitutionnel*, par M. Dupin.

public d'en demander compte aux chefs de corps? L'intérêt de la discipline ne peut jamais l'emporter sur celui de la morale ni de l'humanité; la justice doit punir tous les crimes ou délits, et frapper également les coupables dans tous les rangs.

Privés de tout espoir d'avancement, le soldat et le sous-officier subissent avec dégoût le temps de service que la loi leur impose. L'émulation ni le zèle n'ont plus de place dans leurs cœurs; ils n'aspirent qu'à être affranchis de leur pénible tâche. Aussi chaque année, ceux qui l'ont accomplie rentrent en masse dans leurs foyers. Il n'y a plus de réengagemens, même dans les corps privilégiés de la garde royale. Ce renouvellement annuel et total du huitième de l'armée n'aurait rien en soi que de légal et même d'heureux, en servant à entretenir au sein de la France et sans aucuns frais les élémens d'une armée de réserve nationale; tel est d'ailleurs l'avantage d'une loi juste, fondée sur l'égalité des citoyens; mais l'exécution de ce renouvellement trop rigoureusement effectuée, devient un sujet de craintes et de sollicitude sur l'organisation du service, et sur la manière dont on traite les jeunes français appelés à défendre la patrie. Plus on s'efforce d'approfondir les causes de cette répugnance du soldat pour le métier des armes, plus on demeure convaincu qu'elles reposent entièrement sur ce vieux préjugé des hommes d'autrefois, qui tend à établir que la naissance donne aux uns le droit exclusif du commandement et prescrit aux autres le devoir absolu de l'obéissance. De tels principes une fois admis par l'administration de la guerre, il est facile de prévoir les résultats qui doivent s'en suivre. Tout se trouve ainsi aisément expliqué dans la conduite des officiers et dans celle des soldats. Ce retour manifeste à un aussi intolérable abus est une nouvelle preuve, Monsieur le Comte, du respect de votre ministère pour la charte. Je reprendrai plus tard cette question, en résumant les griefs qui pèsent en si grand nombre sur votre administration.

Du soldat et du sous-officier, si nous remontons aux grades supérieurs, nous verrons le mécontentement s'accroître et les mumures devenir plus vifs. L'ancienneté et le mérite ne sont plus qu'une vaine recommandation pour l'avancement des officiers. La faveur, toujours la faveur dispose des grâces, des honneurs et des avantages affectés à l'armée, et c'est ici que s'introduit d'abord le crédit du jésuitisme. On devine quelles sont les ressources qu'il en retire ; et tel officier qui a suivi avec les dehors de la componction les exercices d'une mission, a pu suppléer par là à ce qui lui manquait d'aptitude et de talens pour obtenir des récompenses. La naissance d'une part, le jésuitisme de l'autre, sont les grands accapareurs des grades militaires. L'armée française est donc animée dans son ensemble de l'universelle disposition qui inspire à toutes les classes de la société la désapprobation et le ressentiment des fautes des ministres.

On verra par la suite, dans l'examen des détails des autres ministères, combien sont fondées les accusations, et combien il est urgent d'ouvrir devant les chambres assemblées, ce grand procès qui doit amener la condamnation éclatante des fauteurs et des complices d'un système désastreux qui a placé notre pays sur les bords d'un abyme.

Ces choses sont dures à entendre, je présume, du moins, Monsieur le Comte; mais si vous avez compté sur l'impunité et la trop lâche facilité du silence public, il faut bien, pour vous désabuser sur le dernier point, que, retranchés derrière la justice, les lois et notre bon droit, nous vous disputions pied à pied le terrein de nos libertés, que vous avez encombré déjà en grande partie de vos entraves flétrissantes.

Égarés sur une route bordée de précipices, les coups d'État et les violences pourront seuls vous maintenir désormais. Eh ! bien, si tel est le sort réservé à la France, écoutez un conseil sur ce que vous avez de plus impérieux à faire pour vous sauver.

A la session prochaine, comme il est, avant tout, indispensable d'anéantir la liberté de la presse, reproduisez une nouvelle loi d'amour encore plus machiavélique, s'il est possible, que la première. Annoncez d'avance et faites proclamer ouvertement par vos journaux salariés, les intentions les plus vigoureuses. Pour intimider la Chambre des Pairs, choisissez parmi vos plus chers acolytes une liste nombreuse de candidats à la pairie; presentez-les ensuite officieusement comme l'ultimatum de vos conditions. A l'ouverture des Chambres, la présentation de votre projet ayant fait ressortir davantage la nécessité de briser la majorité actuelle de la Chambre haute, vous pourrez, à l'aide de cet auxiliaire, prétendre à enlever à la bayonnette votre loi d'amour. La fournée des nouveaux pairs devra être tenue en réserve pour appuyer cette charge militaire, et si la pairie résiste, soutenus par cette troupe fraîche et disciplinée, vous viendrez, enseignes déployées, camper en vainqueurs dans le sanctuaire des lois!

C'est la gloire que je vous souhaite, ayant l'honneur d'être, Monsieur le Comte, etc., etc.

CINQUIÈME LETTRE

AU MÊME.

Décidément, Monseigneur, vous n'aurez pas ma quatrième lettre. Usant de l'autorité absolue que j'avais sur elle, je viens de la plonger dans le pot au noir. Elle ne verra plus le jour.

Depuis une semaine entière je m'évertue et m'escrime en tous sens afin de vous faire parvenir la suite de ma correspondance en caractères d'imprimerie : les imprimeurs trouvent que rien n'est pressant, que les affaires de l'État vont au mieux, et qu'il ne me convient pas de troubler votre repos. Les imprimeurs sont de vos amis, sans doute ; mais me sera-t-il permis de leur dire qu'ils vous font injure et qu'un sage ennemi vaut souvent mieux qu'un ami imprudent. Parler du repos de Votre Excellence, n'est-ce pas donner aussitôt prise à la malignité, n'est-ce pas vouloir qu'on vous confonde avec le comte de Corbière, premier dormeur de son siècle, qui contre-signe une ordonnance et s'endort au bruit des sifflets?

Vous veillez, Monseigneur, et personne en France ne s'est encore aperçu de votre sommeil. Vos cinq années de présidence ont été trop bien remplies.

J'en reviens à ma lettre, pauvre enfant dont je ne puis m'empêcher de déplorer l'infortune. Trois jours et trois nuits m'avaient été nécessaires pour l'élaborer péniblement. Un seul instant a suffi à la détruire! En vérité, le noble auteur de la loi d'amour ne fut jamais plus tristement affecté.

Je me suis voué à tous les saints (Loyola excepté); j'ai frappé à toutes les portes d'imprimeries. Les saints sont restés sourds et les portes fermées. Muni d'un exemplaire de la Charte et me croyant bien fort sur les questions de droit public, je suis allé chez MM. les imprimeurs du Roi, afin de leur prouver que je m'étais strictement renfermé dans les limites de la loi, et que ne pouvant, aux yeux des tribunaux, paraître en contravention, mon ouvrage devait être imprimé sans difficulté. J'ai présenté ma Charte à six de ces Messieurs. Les trois premiers ne l'ont pas voulu lire, et m'ont éconduit brusquement. Le quatrième s'est pris à rire, et j'ai jugé qu'il se moquait de moi, car il a feuilleté mon in-32 en clignotant d'un air ironique. Le cinquième s'est perdu dans une dissertation sur le texte, puis a terminé, sur la nature des sermens, par un long discours auquel je n'ai rien compris. J'ai entrevu toutefois qu'il s'efforçait de prouver que la morale était une selle à tout bât, qui pouvait s'ajuster à toutes les montures, et que N. S. P. le pape saurait vaincre les scrupules. J'ai voulu me récrier, mais il m'a imposé silence; et c'est dans cette disposition qui nous place entre l'indignation et le désespoir, que j'ai quitté mon homme pour courir chez un sixième. J'étais suant à perdre haleine, couvert de poussière et dans le désordre d'un auteur désapointé. Cependant ma tête s'était échauffée et j'aurais pu, s'il eût voulu m'entendre, ébranler sa conviction; mais il ne me laissa pas le temps de m'expliquer; aux premiers mots de *Charte* et de *brochure politique*, il saisit vivement mon exemplaire et le jeta au feu. J'étais rouge de colère en voyant la flamme dévorer une loi sur laquelle j'avais fondé mes plus chères espérances; et j'aurais volontiers apostrophé de mille injures mon audacieux incendiaire, lorsque je m'avisai de penser que les coups ni les violences ne valaient pas une bonne raison.

J'avais repris ma course, et me hâtant dans la rue comme un malheureux débiteur qui craint d'être surpris par d'avides recors, je m'acheminais vers le septième imprimeur : par malheur je suis rencontré par un de ces bons gendarmes qui me pousse rudement et me fait choir en accrochant avec son sabre un pan de mon habit, qu'il déchire sans interrompre sa marche. Je n'étais pas en mesure de me plaindre contre l'honnête archer; on aurait pu m'accuser de rebellion, je n'osai donc, par prudence, murmurer, même en me relevant.

Enfin j'arrive à l'ancienne demeure de celui qui devenait ma dernière ressource. O comble de misère, les ateliers étaient fermés! On lisait sur la façade principale, ces mots foudroyans pour moi: *Le public n'entre plus ici.*

Il fallait pleurer ou rire de mes mésaventures. J'adoptai le dernier parti comme le plus conforme au caractère national. Il n'y a que les sots qui pleurent, et j'ai vu rire sous cape tant de gens du côté de Mont-Rouge, que je crois qu'on a plus d'esprit au-delà de la Seine qu'en deçà.

Dans ma situation désespérée j'imitai donc l'exemple de ce fondeur d'étain qui riait aux éclats en allant à la mort, se rappelant les contorsions et les grimaces d'un pauvre diable étouffé, au milieu des plus horribles souffrances, par une infusion de métal introduite dans sa bouche pendant qu'il dormait. Vous ferez comme moi, Monsieur le Comte, quoique vous ne soyez pas aussi infortuné et que vous n'ayez coulé du plomb dans la bouche de personne; car les bâillons de votre censure sont des moyens plus doux et plus humains.

Il ne me restait plus, pour déjouer les complots de ces nouveaux inquisiteurs de la presse, qu'à me faire censurer. Je ne doutais pas, qu'à l'aspect de la griffe et des ciseaux de MM. les censeurs, toutes les presses de Paris ne fussent mises à ma disposition, mais j'appréhendais de me fourrer dans un guêpier. Les censeurs ne répondent de rien, et si, par mégarde ou autrement, ils laissaient échapper quelques mots répréhensibles, je n'aurais reculé que pour mieux sauter. Force était néanmoins d'avoir recours à eux, et comme je ne pouvais raisonnablement me présenter à des Excellences, en équipage de piéton, je choisis un modeste *coucou* pour me transporter à peu de frais dans la demeure ou le palais de la censure.

Parvenu, non sans peine, à ma destination; je franchis le seuil de ce séjour terrible, et passant devant le guichet des concierges, je prononçai comme je pus, en l'estropiant, le nom du chef de ce tribunal redoutable. On me fit pénétrer dans une salle basse sans fenêtres. Il était quatre heures et grand jour au dehors, mais en ce lieu, la faible clarté d'une lampe de style gothique ne pouvait dissiper de profondes ténèbres; tout y était sombre et lugubre. J'étais entré sans être apperçu et me serais cru seul si je n'avais été aussitôt étourdi par un bruit sourd accompagné de gémissemens semblables à plusieurs pédales d'orgues qu'on vient de frapper et dont les sons se prolongent encore dans un ensemble discordant.

Sur les coins d'une grande table de bois noir, étaient appuyés dans des attitudes plus ou moins grotesques, trois hommes dont je ne pus d'abord distinguer les traits; le premier, d'une corpulence prodigieuse, avec une tête en pain de sucre, ronflait sur un exemplaire du *Moniteur*; le second, qui me sembla maigre et sec, dormait en sifflant sur la *Gazette de France;* et le troisième, la face étendue sur la *Quotidienne*, poussait des hurlemens étouffés qui annonçaient le plus pénible cauchemar. Trois immenses bonnets noirs pointus était placés en manière d'éteignoirs sur cette table vraiment diabolique. Nos trois estaffiers, vêtus de longues robes de couleur brune, donnaient un coup-d'œil sinistre à ce qui m'entourait. On voyait épars çà et là des débris d'instrumens, d'attributs divers et de trophées de toute espèce, une table des lois renversée, sur laquelle reposait un énorme encrier de plomb en forme de crapaud. Des chauve-souris et d'autres oiseaux de nuit, voltigeaient par intervalle à la hauteur de la lampe, et contribuaient à obscurcir sa lumière déjà incertaine. J'éprouvais un sentiment de gêne et de répugnance impossible à définir, j'aurais voulu me retirer, mais un mouvement de curiosité me retint et je résolus de demeurer-là jusqu'à ce qu'un accident quelconque vint animer cette scène sépulchrale. Je ne fus pas longtems à attendre, car, tandis que j'examinais la structure lourde et monstrueuse du monsieur du *Moniteur*, un gros hibou s'envola d'un coin de la salle et vint se poser sur sa tête. Il n'en fut point d'abord éveillé, mais le hibou qui avait apparemment sa consigne, lui lança un coup de bec qui fit jeter un cri effroyable à notre estaffier. Se relever sur son siége et agiter une paire de ciseaux de dimension colossale, fut l'affaire d'une minute. A ce cliquetis, nos trois hommes sont debout, et m'appercevant immobile et saisi de stupeur, l'un d'eux me demanda d'une voix de stentor : *que voulez-vous?* Je restai quelques instans à lui répondre, et faisant effort sur moi-même, je lui dis avec assez d'assurance : *je veux me faire censurer !*

Tous trois répétèrent, en se regardant l'un l'autre, le mot *censurer* sur des tons différens. Alors tirant de sa poche une large montre en œil-de bœuf, mon interlocuteur me dit : « Vous êtes » venu trop tôt. Le soleil est encore sur l'ho- » rizon de Paris, et Messieurs les chefs n'arrive- » ront ici qu'à la nuit close, sous bonne escorte. » Ainsi asseyez-vous et prenez patience; vous ne » pouvez plus sortir qu'après avoir été rogné. »

Ce discours était peu rassurant. Quatre heures de séjour dans cet antre, en présence de ces mines patibulaires, tout cela n'était pas de nature à me mettre en belle humeur. Toutefois j'en pris mon parti comme il m'est arrivé souvent lorsque j'ai pu être en butte aux injustices des hommes ou aux infidélités de la fortune. Je m'étais blotti dans un coin pour éviter les coups de bec autant que les attouchemens des animaux malfaisans ; le M.r du *Moniteur*, avec un geste qu'il voulut rendre poli, mais qui lui fit perdre son équilibre et le fit rouler en se débattant sous la table, m'offrit son journal *pour me distraire si j'en avais besoin.* Je le reçus avec un signe de remercîment et je me mis à le parcourir. Pendant ce temps les propriétés narcotiques de leurs précédentes lectures eurent bientôt repris leur empire et replongé nos hommes noirs ou bruns dans leur première léthargie. Je ne pus résister moi-même à cette influence et je ne tardai pas à me trouver profondément endormi.

Je ne sais ce que je fis, ni si je rêvais durant ces quatre heures ; mais mon réveil ne fut pas des plus heureux. Je me sentis frappé d'un long cornet de carton qui résonna sur ma tête. J'ouvris les yeux, et mes trois hommes qui m'attendaient m'ordonnèrent de les suivre. Ils me conduisirent, à travers plusieurs corridors obscurs, dans une grande chambre éclairée par une torche de pin. Là un M.r que je ne connus pas, enveloppé d'un vaste domino noir, me demanda mon manuscrit. Il le tourna et le retourna dans tous les sens d'un air de surprise, après quoi il me fit, d'un ton doctoral, la question suivante : « Êtes-» vous périodique?... » « Périodique? répondis-» je. Non, je suis libéral! »

L'effet de la foudre n'est pas plus prompt que le mouvement à l'aide duquel les trois premiers estaffiers m'empoignèrent dès que j'eus proféré cette réponse imprudente. On me lance à la tête mon manuscrit, on me prend, on me serre fortement, on m'enlève, on m'emporte et l'on me jette violemment hors de la porte-cochère.

Me voilà de nouveau dans la rue, Monseigneur, accablé, meurtri et respirant à peine. Que vais-je faire et que devenir? mon manuscrit me reste, mais il n'est plus bon qu'à brûler. J'y ai glissé des choses condamnables. J'ai voulu vous entretenir des gouvernemens à bon marché, de la justice juste, des devoirs des magistrats, des fautes et des violences de la police. J'ai parlé d'économies, de réformes, d'actes de réparation, et j'ai offensé, sans le vouloir, beaucoup de gens qui ne vivent que de prodigalités ou d'actes arbitraires. Si le peuple ne payait plus il serait impossible de le brider, et d'ailleurs il y a en France un si grand nombre de bons français dont le dévoûment s'en irait à vau-l'eau, si l'on en supprimait les émolumens!

Eh! bien je louerai l'intelligence de votre

singe et la gentillesse de ses tours, mais je ne dirai pas qu'il sait tirer avec une grâce parfaite les marrons du feu, parce qu'on pourrait y vouloir trouver une allusion pour m'envoyer à Poissy comme ce pauvre Magalon, ou me faire faire le tour de la France, de brigade en brigade, comme le malheureux Chauvet. Je parlerai de vos chiens dogues et de leur talent à aboyer; mais si l'un d'eux me mord aux jambes, ce sera *tant mieux* pour moi, et si l'autre a dévoré dans un seul repas une énorme motte de beurre qu'on lui avait donnée à garder, je soutiendrai qu'il est le plus sobre et le plus fidèle des animaux.

Je ne laisserai aucune lacune en blanc dans mes lettres, afin de prouver que j'ai dit tout ce que j'ai voulu dire, et que si j'ai dit peu de chose, c'est qu'il n'y avait rien à reprendre.

Enfin, Monseigneur, les obstacles et les dégoûts ont opéré une si grande métamorphose, que tous les traits dont je voulais m'armer en ont été émoussés. Je trouve même, en y regardant de plus près, que mon sujet a été mal choisi et qu'il me faut en changer.

Ainsi donc, désormais, loin d'entreprendre le décompte des millions dont vous disposez et de vous susciter des tracasseries à cause des jésuites, je dirai que ces millions vous appartiennent et que je n'ai rien à y voir. Quant aux jésuites, j'irai faire une quarantaine à Mont-Rouge pour me rapatrier avec eux, et si je sors delà blanc comme neige, je serai devenu sans doute aussi curieux à être montré que les Osages ou la giraffe

Avec laquelle j'ai l'honneur d'être, etc.

ANNONCE.

CORRESPONDANCE MINISTÉRIELLE. Première et deuxième Lettre à M. de Villèle, par E. Pl. — A Paris, chez les Marchands de Nouveautés.

Correspondance Ministérielle.

SIXIÈME ET SEPTIÈME LETTRE

A MESSIEURS LES COMTES

DE VILLÈLE ET DE PEYRONNET.

A.

IMPRIMERIE DE C. FARCY,
rue de la Tabletterie, nº 9

Correspondance Ministérielle.

SIXIÈME ET SEPTIÈME LETTRE

A MESSIEURS LES COMTES

DE VILLÈLE

ET

DE PEYRONNET.

PAR L. PL.

O Patrie!

A PARIS,

CHEZ LES MARCHANDS DE NOUVEAUTÉS.

1827.

SIXIÈME LETTRE

A SON EXCELLENCE

LE COMTE DE VILLÈLE.

Monseigneur,

La Restauration des Jésuites, la Septennalité et le travestissement des Élections; le naufrage de l'Amortissement sur le 3 p. o/o, l'Occupation d'Espagne et la Résurrection de la Censure sont des bienfaits du premier ordre dont le souvenir devra être conservé longtems. Les Projets du Droit d'aînesse, de la Loi d'amour, et de la Guerre contre Alger ont également un mérite relatif qui n'est pas sans gloire pour les Conseillers de la Couronne. Mais, au travers de ces brillantes conceptions du génie ministériel pour notre prospérité intérieure, il est douloureux d'apercevoir des symptômes alarmans sur la situation, au-dehors, de notre puissance nationale.

Cette belle France, si riche par son climat, son territoire et l'industrie de ses habitans, si féconde jadis en grands hommes et en guerriers, languit maintenant dans une sorte d'abaissement et de stupeur. Elle n'est plus la France imposante de Louis XIV et de Napoléon, le grand Empire redoutable à ses ennemis et respecté du monde entier. Retombée au niveau d'une province romaine, elle n'agit, en Europe, que comme puissance secondaire dévouée aux desseins du colosse du Nord ou de l'Angleterre. Ainsi nous l'avons vue, depuis 1823, poussée malgre elle jusqu'aux colonnes d'Hercule, cueillir les fruits amers d'une invasion ruineuse et injuste, et payer à grands frais le triste avantage d'assister bénévolement au spectacle des hideuses convulsions de la Péninsule.

Cependant, jamais notre patrie ne fut plus digne d'occuper le premier rang dans la balance européenne. Instruite aux leçons des grands événemens; éclairée par les douceurs de la paix, de la civilisation et de la liberté; forte de l'accroissement de sa population, et devant attendre beaucoup de l'emploi d'un immense budget, elle pouvait raisonnablement prétendre à un rôle plus glorieux. Cinq années d'un ministère incapable et maladroit en ont décidé autrement.

Laissons de côté, pour cette fois, les jésuites et la chambre septennale; ne considérons plus l'amortissement comme un moyen réel de credit ni d'économie; que le Ministre des finances puisse, à son gré, sacrifier les millions de cet établissement à l'achat exorbitant de son 3 p.o/o et au détriment du cinq; de plus grands intérêts sollicitent aujourd'hui nos méditations; et si la France, appauvrie sous le ministère actuel, est livrée aux embarras et aux agitations intestines, voyons comment sa dignité et sa prépondérance ont été maintenues à l'extérieur.

On sait assez que l'invasion d'Espagne a été imposée à notre pays par les puissances du Nord. Le sentiment de la peür nous a fait courir en armes au-delà des Pyrénées; c'est un Ministre qui l'a avoué, en annonçant que nous aurions à nous défendre nous-mêmes d'une invasion étrangère du côté du Rhin, si nous n'allions occuper Cadix. Cadix a été occupé, et les puissances qui nous avaient invités si poliment à cette expédition, n'ont pas jugé à propos de contribuer aux frais ni aux charges de l'entreprise. Nous avons encore plié sous ce joug de nécessité! Plier et ne pas rompre peut bien être la vertu principale d'un Ministre en butte à tous les ressentimens; mais une nation généreuse, qui n'eut point d'égale dans les combats, doit résister aux menaces et affronter les dangers quand l'honneur le commande.

Qu'avons-nous fait en Espagne, Monseigneur? nous avons renversé un régime légal, une constitution, pour voir s'élever une anarchie délirante qui promène ses désordres de province en province; nous avons délivré d'abord un Roi qui, suivant certains hommes, n'était pas libre dans ses actions; les mêmes hommes, aujourd'hui, se lèvent et se révoltent avec les mêmes cris de ralliement et sous le même prétexte; et nos troupes sont présentes! et la constitution n'est plus!

Une occupation militaire aussi chèrement acquise devait obtenir des résultats plus heureux. Nous avions employé la force pour détruire; le même principe, quelle qu'en fût la cause, nous plaçait dans l'obligation d'exiger la réédification.

Toutefois, M. le Comte, c'est une chose bien remarquable que vous ayez attaqué et détruit la constitution de notre pays, tandis qu'on vous reprochait d'avoir trop peu de respect pour celle de la France. Les inquiétudes qu'une pareille manière de procéder devait faire naître sous votre administration n'étaient-elles pas de nature à vous arrêter? N'entrait-il pas dans les convenances que vous vous appliquassiez à calmer l'irritation des esprits par la sagesse de vos mesures et la loyauté de vos actes? Loin de là, en cette circonstance comme en toute autre, vous n'avez fait aucun cas de l'opinion publique, et vous avez paru compter moins sur son assentiment que sur la force dont vous étiez armé. La force et le pouvoir sont d'une possession bien précaire lorsqu'ils ne sont avoués ni soutenus par la raison. Vous avez éprouvé la vérité de ce principe le jour où, déchu de l'approbation générale, vous avez été réduit à vous réfugier dans les rangs de ceux qu'on nomme les *apostoliques* de tous les pays, c'est-à-dire, les partisans de la tyrannie, du fanatisme et des jésuites. Dès-lors, les peuples n'ont pu voir en vous que l'ennemi déclaré de leur repos et de leur bonheur; car ils savent par expérience que la tyrannie conduit à la révolte, le fanatisme aux exécutions sanglantes et à tous les fléaux de la barbarie, et le jésuitisme au triomphe de la cupidité et de la plus audacieuse hypocrisie. Les amis de l'ordre, en se trouvant ainsi éloignés de vous, n'ont point changé de vœux ni de doctrines; c'est votre ministère lui-même qui s'en est séparé en se retranchant sur un terrein hostile et offensif. Je sens bien, à présent, qu'au point où vous en êtes il ne vous est plus permis de reculer, et que vous auriez, en cas de défection, à redouter bien davantage les fureurs de vos alliés que les remontrances toujours modérées des partisans de la justice et des lois. Mais, rien ne doit empêcher de déplorer le malheur d'une situation aussi affligeante et d'en signaler les excès et les dangers.

La sédition et le brigandage désolent une partie de l'Espagne, et l'on se demande avec anxiété quelle sera l'issue de tant de criminelles tentatives. Nos troupes descendront-elles dans l'arêne pour s'interposer entre les partis, pour prévenir les massacres et protéger la sûreté des personnes et l'inviolabilité des propriétés? Imposeront-elles, d'une part, l'obéissance aux autorités constituées, et de l'autre, la désobéissance, selon que ces autorités observeront elles-mêmes des règles différentes de conduite; car nous avons vu que, dans plusieurs contrées, la rébellion a éclaté sous les ordres des fonctionnaires publics. Et d'ailleurs, au milieu des populations armées, dans un pays si difficile et si étendu, que pourraient entreprendre de favorable quelques milliers de soldats français disséminés sur les points les plus éloignés? Il faudra donc qu'ils se résignent à une impassibilité absolue en présence du pillage et de la dévastation! Ils n'auront assisté à de pareilles scènes que pour nous en rapporter les tristes mais expressifs détails! Tel est l'ouvrage de votre imprévoyance, telle est la conséquence de vos fautes et de l'oubli de vos devoirs ! Vous ne pouvez plus sortir de cet abîme, ou qu'en rappelant nos troupes, ou qu'en ordonnant une seconde invasion d'une armée plus nombreuse encore que la première, à moins que vous ne consentiez, de gaîté de cœur, à laisser périr le dernier de nos soldats dans la confusion des luttes de cette effrayante conflagration. Une nouvelle invasion, ai-je dit, Monseigneur! Mais, ce conseil inévitable n'est-il pas une censure trop amère de la précédente? Les coffres de l'Etat sont-ils si bien remplis pour fournir aux dilapidations? et nos millions seront-ils toujours prêts pour couvrir le sol étranger?... Non, non, et mille fois non ; vous ne pouvez plus tenter un coup de main, parce que vous avez abusé des moyens qui vous furent confiés, et parce que, pour soutenir dans un tems ordinaire un système monstrueux, vous avez épuisé les mesures extrêmes en usage dans les momens de crise. Je ne nie pas, pour cela, qu'une crise ait existé; mais elle a été constamment ministérielle, c'est-à-dire, qu'elle n'a eu son origine que dans la composition du ministère et dans sa marche. Votre administration a été bien chère, M. le Comte; l'avenir peut seul nous révéler toute l'étendue des sacrifices qui ont été faits. Il y a peu d'exemples d'une plus grande déception et d'une calamité plus onéreuse que l'entretien et le paiement prolongé de corps militaires hors du territoire national. Il n'y en a point peut-être d'une position plus funeste ni plus périlleuse; et cependant vous ne pouvez encore effectuer une retraite sans outrager l'humanité, qui attend de vous la réparation des maux que vous avez créés.

Ainsi, Monseigneur, vous êtes au fond du puits sans en pouvoir sortir! Quelle accablante preuve d'impéritie! Vous avez des troupes en Espagne, et vous ne pouvez y maintenir l'ordre; le salut de ces troupes est sérieusement compromis, et vous ne pouvez les secourir, encore moins les rappeler!

Le cabinet de Saint-James applaudit sans doute à vos embarras. Son ministre les avait prévus, en laissant pénétrer nos armes dans la Péninsule, sans crainte d'y voir s'affaiblir l'influence britannique. En effet, l'ambassadeur anglais à Madrid a constamment conservé la supériorité de sa position, et le nôtre, lancé dans les intrigues des partis, a rendu sa présence insupportable et inutile. Quant au Portugal, vous vous en êtes exclus à l'approche d'une constitution octroyée par le Souverain, comme si l'aspect d'une charte d'origine semblable à celle de la nôtre, eût dû être un bien grand épouvantail pour des hommes accoutumés à protester sans cesse de leur attachement à cette fille des rois.

On cherche vainement un côté raisonnable aux actes de votre politique; on ne trouve, dans votre conduite, qu'une longue suite d'efforts pour pallier l'effet des plaies toujours vives de cet état de choses, afin de vous perpétuer au pouvoir; c'est la clé de toutes vos combinaisons; votre prévoyance ne s'étend pas au-delà.

Encore si, en voulant travailler à votre avantage, vous aviez un peu songé à celui de la France; vous auriez, du moins, évité de donner au monde le spectacle de l'impuissance de vos moyens à contrebalancer l'influence anglaise dans le midi de l'Europe. Elle y a jeté des racines profondes qui s'étendent des rives du Tage aux îles de l'Archipel, en s'appuyant sur le Portugal, Gibraltar, Malte et les Iles Ioniennes. Vous n'aviez que l'Espagne qui, agrandie et fortifiée par des institutions libérales et un gouvernement juste et protecteur des intérêts généraux, pût vous offrir un contrepoids salutaire et rétablir l'équilibre dans les forces respectives. Mais elle n'est devenue, au contraire, par votre propre fait, qu'un corps débile, exténué, sans facultés et sans vie. Là où l'industrie et la liberté auraient produit la richesse et l'énergie, l'accroissement et la puissance, vous n'avez encouragé que l'inertie et l'esclavage, le dépérissement et la faiblesse. Qu'est-il besoin de s'enquérir des causes de ces égaremens ? Les hommes que vous avez eus à satisfaire ou à ménager en assumeront, s'il le faut, sur leurs têtes la responsabilité; tant est grande l'audace d'une faction qui ne rêve que l'asservissement des peuples et qui marche le front levé, parce qu'elle a trouvé des populations ignorantes à précipiter dans le gouffre de ses déceptions, et des hommes puissans à séduire par l'appât des espérances chimériques d'une domination absolue.

Ainsi vous épuisez la fortune publique par l'entretien de nos régimens dans la Péninsule; ainsi l'étendue de ce sacrifice n'est compensée par aucun avantage d'utilité. La tranquillité de l'Espagne n'en est nullement garantie. Sa puissance et la vôtre en sont réellement affaiblies, et l'existence de nos soldats y est chaque jour en péril.

Il ne vous manquait, pour mettre le comble à tous ces maux, que d'étouffer les cris de la conscience publique, afin d'ensevelir vos fautes et votre honte dans l'immunité d'un fatal silence. La censure a été chargée de ce soin à l'égard des journaux, et la terreur des destitutions dont les imprimeurs sont frappés sera plus que suffisante pour arrêter la publication des brochures non périodiques.

Avant de diriger nos regards vers l'Orient,

une sollicitude toute nationale nous attire devant Alger. Là comme ailleurs nous avons des malheurs nouveaux à décrire, de nouvelles humiliations à déplorer. Une grande nation, entraînée dans une guerre maritime contre une fraction de l'empire ottoman, est appelée à voir échouer ses forces navales sur des parages inhospitaliers où sont concentrés les élémens de tout ce que la piraterie et le brigandage, joints à la barbarie, ont de plus impur et de plus menaçant.

A quoi servent vos déclarations de guerre et ce déploiement de forces militaires, puisque votre bras est si faible qu'il ne peut porter le moindre coup décisif? Qui aurait pu croire, avant cette expédition, que vous l'entreprendriez sur des motifs frivoles, ou que, l'ayant entreprise, vous ne sauriez y apporter que des moyens impuissans? Vous n'avez certainement pas pris d'abord la peine de vous représenter la nature des obstacles nouveaux que la situation des lieux vous opposerait. Si vous l'aviez fait, ou vous auriez reculé à tems, en présence des difficultés, ou vous auriez proportionné les ressources de votre attaque à celles de la défense. Toujours déterminés dans vos actions par l'irréflexion ou par une condescendance coupable aux volontés du parti qui vous domine, vous vous aventurez aveuglément dans la carrière des épreuves; fort peu jaloux, du reste, de préserver l'honneur et la fortune de la France.

Maintenant nos vaisseaux croisent sans succès sur les côtes de l'Afrique; ils n'ont à lutter que contre l'impétuosité des vents et des flots de la mer, et ne peuvent empêcher les corsaires algériens d'inquiéter notre marine marchande, de lui enlever des navires et des cargaisons, et d'introduire ces prises dans les ports neutres les plus voisins d'Alger. Il vous est peut-être enfin démontré aujourd'hui, mais trop tard, que vos mesures sont de toute insuffisance pour entamer un siége ou un bombardement. Alors, que vous reste-t-il à faire? Vous ne pouvez plus intimider votre ennemi, puisque vous lui avez permis de se moquer de vos efforts; vous ne pouvez plus espérer de le combattre en pleine mer, puisqu'il ne lui plaît pas d'accepter vos défis; hâtez-vous donc de proposer la paix et de vous retirer, car un ridicule ineffaçable est prêt à vous accabler aux yeux du monde entier. Ne calculez pas sur la rigueur des conditions ni des sacrifices qu'on voudra vous imposer; l'existence de votre ministère dépend de l'issue la plus prochaine de cette malheureuse équipée. Un article de plus au budget, et vos portefeuilles seront encore une fois sauvés!

Alors, encore tout vermoulus et tout empreints

de l'immersion peu flatteuse dont vous aurez été couverts, vous viendrez dicter vos volontés et vos ordres au chef suprême des *vrais croyans!* Que dis-je? l'Angleterre et la Russie vous attendent et veulent bien vous associer à leurs projets! vous allez entrer en lice avec ces deux puissances formidables, et vous n'êtes point en mesure de soutenir la dignité nationale!

Je ne parle point du mérite ni du courage de nos marins; s'il faut combattre et vaincre, ils sauront montrer qu'ils sont français; mais, après la victoire, c'est à vous qu'il appartiendra de débattre les intérêts du pays, et les dispositions du présent ni les fautes du passé ne nous laissent concevoir aucun espoir favorable.

Depuis six ans, tranquilles spectateurs des massacres et du pillage qui désolent une contrée glorieuse, vous n'avez seulement pas soupçonné que la France pourrait être appelée un jour à jouer un rôle de quelque importance dans ce grand évènement. Sourds et insensibles aux gémissemens et aux cris d'alarme d'un peuple chrétien cruellement moissonné par le fer des Barbares, vous n'êtes apparus, dans les accidens de cette lutte inhumaine, que pour rendre des services aux oppresseurs de la Grèce. Vous avez ouvert nos chantiers aux agens du Satrape de l'Égypte, et des vaissseaux sortis des ports français sont allés contribuer aux désastres d'Ipsara, d'Athènes ou de Missolonghi.

Cette terre généreuse qui fit rejaillir sur la France des étincelles de sa gloire et de son antique civilisation, au défaut de vos secours, méritait bien alors au moins votre neutralité; mais vous fûtes toujours guidés par une fatalité aveugle et maîtrisés par un implacable égoïsme.

Toutes ces choses feront le sujet d'une prochaine lettre. En attendant, j'ai l'honneur d'être, etc.

SEPTIÈME LETTRE.

A MONSEIGNEUR

DE PEYRONNET.

J'avais dessein, Monseigneur, de vous laisser encore quelque temps savourer en paix les douceurs de votre amour ou de votre indifférence. Enclin à l'oubli du passé, je me reposais sur l'avenir pour m'offrir des sujets dignes d'être loués dans l'administration des grâces et de la justice. Tout-à-coup, je suis éveillé par le bruit de votre nom, répété de bouche en bouche, et je me doute bien qu'il s'agit de quelqu'un de ces actes de vigueur et d'audace dont vous avez fourni déjà plus d'un exemple. En effet, on me dit qu'il a paru au *Bulletin des Lois* une ordonnance composée d'un article bien court à la suite d'un long préambule, pour prouver que vous êtes le plus puissant et le plus habile logicien d'entre les ministres. Il y en a qui veulent y voir une usurpation manifeste de la puissance législative, une violation essentielle et éclatante de la charte;

mais, comme j'appréhende de me former un jugement trop prompt sur une question si délicate, j'essaie de procéder avec ordre et méthode, et j'examine d'abord le corps du délit ou la matière du crime, comme on voudra l'appeler.

Or, je lis dans le *Bulletin des Lois*, n° 185:

« Sur le rapport de notre garde-des-sceaux,
» ministre secrétaire-d'état au département de
» la justice, relatif au référé prononcé par arrêt
» de notre cour de cassation du 19 mai 1827; le-
» dit référé motivé sur ce qu'il y a lieu à l'inter-
» prétation de la loi, attendu qu'après l'annula-
» tion de deux jugemens en dernier ressort ren-
» dus dans l'instance dirigée à la requête du mi-
» nistère public, contre le sieur Teste, prévenu
» d'avoir exercé le commerce de la librairie sans
» être brévelé par nous, ni assermenté, etc......

« Vu la loi du 16 septembre 1807. »

Quelle est donc cette loi, Monseigneur? Sa date seule indique qu'il fut un tems où le pouvoir dictatorial et indéfini d'un homme pesait sur la France. Alors ce pouvoir s'arrogeait le droit de rendre des lois sous la forme de décrets, et de-là celui de les interpréter! Mais depuis cette époque le despotisme est tombé. Un changement de gouvernement a eu lieu, et nous devions enfin espérer que, rentrés dans la carrière constitutionuelle nous n'aurions plus à gémir sur les envahissemens de l'arbitraire. L'arbitaire est-il donc un moyen si doux et si favorable, que tout ministre soit jaloux d'en user? Je ne sais, Monseigneur, et vous pouvez mieux que moi, répondre à cette question. Toutefois, il me semble que vous avez méconnu vos devoirs et les volontés de la charte, en faisant revivre une loi contraire à son esprit, et dont l'abrogation est une conséquence implicite de l'existence du pouvoir législatif tel qu'il est actuellement établi. Quel moment avez-vous choisi pour remettre en vigueur un aussi monstrueux privilége? Les journaux ne peuvent protester contre ce grand attentat, et c'est dans le silence de la stupeur et de l'indignation publique que vous vous disposez à saper les fondemens de notre édifice constitutionnel!

On peut quelquefois se jouer des mots, on peut vouloir donner le nom d'amour à la chose qui détruit; c'est un travers dont le ridicule fait justice; mais on ne se joue pas des principes, on ne viole pas impunément la foi des sermens. Où avez-vous pris dans la charte qu'une ordonnance pouvait être une loi? et comment qualifier un acte qui introduit dans la jurisprudence des dispositions et une pénalité nouvelles? Il y a ici deux violations pour une; la première est l'usurpation du droit d'interpréter; la seconde, l'exercice du pouvoir de rendre la loi.

Or, d'après la charte, ce pouvoir n'appartient qu'aux chambres, sous la sanction de l'autorité royale. Interpréter, d'ailleurs, n'est pas étendre, et l'interprétation d'une loi ne peut être faite que par ceux qui l'ont établie.

Des gens trop crédules ont prêté l'oreille à des bruits qu'on s'est plu à répandre sur des projets d'anéantissement de notre constitution. On a parlé de la destruction des chambres. Ceux qui connaissent les ministres et qui les jugent d'après leur conduite, ont trouvé qu'on était allé trop loin. Ils ont assuré que les chambres seraient maintenues, qu'on les convoquerait à la vérité fort tard, pour voter uniquement le budget, et que le régime des ordonnances suppléerait à tout le reste dans l'administration politique et judiciaire du royaume. Par ce moyen l'on n'aurait rien à détruire, on ne ferait que se passer du concours toujours incommode des assemblées délibérantes, et l'on arriverait au pouvoir le plus absolu qui ait jamais existé en France. Nous voilà donc sur une mer orageuse, abandonnés à la fureur et au caprice des vents. Aujourd'hui c'est une ordonnance qui prend la place d'une loi pour attaquer indirectement la liberté de la presse; demain, ce sera un arrêté ministériel qui destituera tous les imprimeurs; après-demain, une décision du conseil d'état qui interdira la circulation des livres, journaux et autres écrits, et par là-dessus, peut-être, une belle déclaration pour enjoindre aux Français de respecter et de bénir le nom des ministres et celui des jésuites, sous peine de la déportation, des galères, etc.

Rien d'impossible lorsqu'on est parvenu à se lancer dans les voies de l'arbitraire; on n'est plus arrêté que par les catastrophes qui en sont les résultats définitifs.

D'après la division des pouvoirs institués par la charte, vous n'avez ni le droit d'interprétation, ni celui d'adoption d'aucune loi. En vain vous prétendriez invoquer des lois antérieures. La charte a aboli tacitement, et les constitutions précédentes et toutes les parties de la législation qui contrariaient les principes invariables qu'elle a posés. Il ne viendra pas à votre pensée d'exhumer aucune des constitutions nées dans les diverses phases de la révolution; vous sentez trop bien, je présume, qu'elles sont incompatibles avec le régime actuel. Eh! bien, Monseigneur, la loi du 18 septembre 1807 n'est qu'un article additionnel à l'une de ces constitutions, parce qu'elle ne traite que du droit politique, et que tout ce qui tend à régler le mode d'institution des lois, dans un gouvernement, doit faire essentiellement partie du pacte fondamental.

Ainsi vous avez rouvert l'arsenal de la tyrannie, sans songer qu'on y pourrait trouver des armes terribles contre votre gouvernement, s'il était permis, d'après votre exemple, à tout audacieux de pénétrer dans un sanctuaire de confusion et d'anarchie pour en sortir vainqueur par la force que donne l'apparence du droit.

Vous ne pouvez éviter cet axiôme : Une loi est mal faite ou incomplète, ou obscure ou insuffisante. Le pouvoir législatif est seul appelé à la modifier, à l'étendre ou à l'interprêter. Car, dans la signification légale et grammaticale du mot, *interprêter un arrêt* ou une loi, c'est *l'expliquer par un second arrêt* ou une seconde loi ! (Voyez plutôt le Dictionnaire de l'Académie.)

Qu'on veuille appeler loi, ordonnance ou édit, un acte aussi étonnant, il est faux et erroné dans sa première base comme dans toutes les applications et les considérans sur lesquels on l'appuie. L'art. 440 du Code d'instruction criminelle, qui renvoie à la loi du 16 septembre 1807, est frappé par les mêmes motifs d'inconstitutionalité radicale, de la même abrogation et de la même nullité.

Je laisse de côté l'avis du conseil-d'état du 27 novembre 1823, qui ne me paraît d'aucune autorité dans la décision d'une question organique et constitutionnelle; et, sans m'arrêter davantage à l'édit du mois d'août 1686, ni au réglement pour la librairie et imprimerie *de Paris* arrêté au conseil-d'état, le 28 février 1723; non plus qu'à l'arrêt du même conseil rendu sur le même sujet, le 24 mars 1744; j'arrive à une loi postérieure, celle du 17 mars 1791, qui anéantit par un seul article tous ces arrêts et édits antérieurs, *supprime tous brevets et accorde à toute personne le droit d'exercer telle profession qu'elle trouvera bon, à la seule charge de se pourvoir d'une patente.* Ainsi tout votre système s'écroule, car des lois abrogées ne peuvent revivre dans leur ensemble ni dans une partie de leurs dispositions, qu'en vertu d'une loi expresse ou d'un article de loi qui le déclare formellement. Admettre la subtilité du sophisme pour suppléer aux omissions volontaires ou non du législateur, c'est introduire le chaos, c'est ouvrir la porte au désordre, aux violences et à tous les excès qui peuvent troubler la société.

Le décret du 5 février 1810 qui porte, Art. 229: « A dater du 1er janvier 1811, les libraires seront » brevetés et assermentés, » annonce, dans » l'Art. 49: « qu'il sera statué par des réglemens » particuliers, sur ce qui concerne, 1° les impri» meurs et libraires, leur réception et leur po» lice, etc. » Il est loin dès-lors de considérer l'ancien réglement de 1723 comme rétabli, et l'Art. 484 du Code pénal qui déclare que : « dans » toutes les matières qui n'ont pas été réglées » par le présent Code et qui sont régies par des » lois et réglemens particuliers, les cours et tri» bunaux *continueront* de les observer » ne vient pas mieux au secours de ce réglement de 1723, annullé par la loi du 17 mars 1791, et que les cours ni les tribunaux ne peuvent *continuer* d'observer, puisqu'ils n'ont pas seulement commencé à le connaître depuis leur réorganisation, c'est-à-dire, de 1791 à 1810. Ce laps de tems de vingt années, pendant lequel la profession de libraire a pu être librement exercée, et le réglement de 1723 est resté dans le néant, est plus que suffisant pour prouver qu'il n'y a pas lieu *à continuer de l'observer*. D'ailleurs il n'y a pas même de lacune primitive à cet égard dans le décret de 1810, puisque l'obligation qu'il prescrit, quant au brevet et au serment du libraire, n'est annoncée que pour un tems à venir, de même que les réglemens particuliers qui devront être faits suivant l'art. 49. Cette lacune n'a existé que du jour de l'exécution de l'art. 29, et dans ce cas, la négligence du pouvoir a placé d'abord la contravention dans des règles de simple police, et n'a pu entraîner ensuite que la prohibition d'exercice, en vertu de l'art. 12 de la loi du 21 octobre 1814, et bien que toute espèce de doute soit inadmissible en cette circonstance, en vous l'accordant même, vous serez forcé de convenir qu'alors la pénalité la plus douce doit l'emporter sur l'autre; c'est un principe consacré.

Déterminer qu'à une époque fixée, mais encore à venir, les libraires seront brevetés et assermentés, est-ce attacher une peine à la négligence des agens du gouvernement qui omettraient de délivrer les brevets ou d'exiger le serment prescrit; ou bien est-ce donner naissance à une sorte de crime, de délit ou de contravention? et dans ce cas de quelle nature est ce crime, ce délit ou cette contravention? Le Code pénal n'a rien statué là-dessus, vous le déclarez, et de votre propre aveu même : *depuis l'abrogation des anciennes ordonnances en matière criminelle, le droit public de la France n'a plus admis de peines arbitraires*. Mais vous vous servez de cette règle pour montrer que les tribunaux ne pouvant que tomber dans l'arbitraire en punissant les infractions à l'art. 29, il faut bien avoir recours aux dispositions pénales en vigueur à une époque reculée d'ailleurs et séparée de nous. Cette étrange manière d'argumenter ne prouve autre chose que le besoin passionné de punir. Une obligation gênante a été imposée à une classe d'individus, et parce que vous reconnaissez que vos moyens d'exécution sont trop faibles, vous vous croyez autorisé à franchir les bornes de la justice. Ce peut être un malheur que les volontés d'une loi ne soient pas assez efficacement remplies, mais il n'en est pas de pire, de comparable à celui de violer les règles et les principes qui font la base de toute morale et de toute législation.

La loi du 21 octobre 1814 ne justifie pas davantage vos prétentions. Nulle part elle ne rappelle le réglement que vous regrettez tant, et si elle s'occupe de contraventions aux lois et réglemens, ce n'est évidemment qu'à l'égard des imprimeurs, car tous les articles de ce titre 2 que vous invoquez, roulent entièrement sur les obligations imposées à ces derniers. L'art. 18 porte que « les exemplaires saisis pour simple contra-» vention à la présente loi, seront restitués après » le paiement des amendes. » A plus forte raison la restitution devra-t-elle avoir lieu, lorsque le prévenu aura été purement et simplement déchargé de la prévention. Ainsi, de ce qu'une saisie aura été faite par suite de l'exercice non autorisé de la profession de libraire, il ne s'en suit pas qu'il doive en résulter une amende au préjudice du délinquant, et que les exemplaires saisis ne puissent être restitués qu'après le paiement des amendes; car le paiement d'une amende n'est exigible que lorsque l'amende a été spécifiée dans le jugement de condamnation. L'objet saisi n'est retenu qu'en garantie de ce paiement, il doit être restitué lorsque le jugement n'en prononce point.

Il ne vous reste que l'art. 21 de cette dernière loi pour soutenir votre échaffaudage, et cet article enjoint uniquement au Ministère public de *poursuivre d'office les contrevenans par devant les tribunaux de police correctionnelle, sur la dénonciation du directeur général de la librairie, et la remise d'une copie des procès-verbaux.* Nous avons vu que le titre entier de cette loi ne fait mention que des règles et des devoirs prescrits aux imprimeurs; l'art. 21 n'est donc pas plus favorable au succès de votre pernicieuse doctrine; il ne laisse rien percer non plus des intentions que vous voulez prêter à la loi.

Ainsi vous violez les principes du droit civil par une interprétation complettement fausse et erronée des lois; vous violez ceux du droit politique et la constitution elle-même en usurpant le privilége d'interprétation qui est du domaine exclusif de la puissance législative, et vous les violez encore d'une manière plus éclatante et plus manifeste, en créant sous le nom d'ordonnance une véritable loi nouvelle, qui n'est point même interprétative, mais distincte et séparée de toutes celles auxquelles vous la rattachez.

Déchirez, Monseigneur, déchirez cette ordonnance fatale! Elle est un brandon de discorde jeté au milieu d'un grand peuple amant de la justice et de la liberté. Elle est un acte de sédition et de renversement contre l'ordre établi, et ce n'est que par l'effet d'une funeste surprise que vous avez pu vous en rendre l'auteur responsable.

Ne craignez pas de reculer encore une fois

devant votre propre ouvrage, et si vous voulez échapper au déshonneur et à l'infamie attachés à la mémoire du magistrat prévaricateur, hâtez-vous de réparer un outrage qui a porté une atteinte profonde à la majesté des lois. Successeur des l'Hospital et des d'Aguesseau, gardien des lois et de l'honneur de la magistrature, que le garde des sceaux de France fasse justice des actes du comte de Peyronnet.

Je suis de Votre Grandeur, etc.

EXTRAIT DU BULLETIN DES LOIS N° 185.

Sur le rapport de notre garde-des-sceaux, ministre secrétaire-d'état au département de la justice, relatif au référé prononcé par arrêt de notre cour de cassation du 19 mai 1827; ledit référé motivé sur ce qu'il y a lieu à l'interprétation de la loi, attendu qu'après l'annullation de deux jugemens en dernier ressort rendus dans l'instance dirigée à la requête du ministère public contre le sieur *Teste*, prévenu d'avoir exercé le commerce de la librairie sans être breveté par nous ni assermenté, notre procureur-général près notre cour royale d'Orléans a attaqué par les mêmes moyens qui avaient été employés contre le jugement en dernier ressort du tribunal correctionnel de Draguignan et l'arrêt de notre cour royale de Nîmes rendus dans la même affaire et entre les mêmes parties, l'arrêt rendu le 11 décembre 1826 par notre dite cour royale d'Orléans, en exécution de l'arrêt de notre cour de cassation qui avait renvoyé devant elle lesdites parties et les pièces de la procédure;

Vu l'article 440 du Code d'instruction criminelle, ainsi conçu : « Lorsqu'après une première cassation le second » arrêt ou jugement sur le fond sera attaqué par les » mêmes moyens, il sera procédé selon les formes pre- » scrites par la loi du 16 septembre 1807 ; »

Vu la loi du 16 septembre 1807 ;

Vu l'avis du conseil d'état du 27 novembre 1823, approuvé par le roi le 17 décembre suivant ;

Vu l'édit du mois d'août 1686, contenant réglement sur les imprimeurs et libraires de Paris, enregistré au parlement de Paris le 21 du même mois, portant, art. 6: « défendre pareillement à toutes personnes, autres » qu'aux imprimeurs et libraires, de vendre et débiter » aucuns livres et de les faire afficher pour les vendre » en leurs noms, soit qu'ils s'en disent les auteurs ou » autrement, à peine de cinq cents livres d'amende » contre les contrevenans et de confiscation desdits » livres ; »

Vu le réglement pour la librairie et imprimerie de Paris, arrêté au conseil d'état, le roi étant, le 28 février 1723, portant, art. 4 du titre II : « Défense sont » faites à toutes personnes, de quelque qualité et con- » dition qu'elles soient, autres que les libraires et im- » primeurs, de faire le commerce des livres, en vendre » et débiter aucuns, les faire afficher pour les vendre » en leurs noms, soit qu'ils s'en disent les auteurs ou » autrement; tenir boutique et magasin de livres, ache- » ter pour revendre en gros ou en détail, en chambre » et autres lieux, même sous prétexte de les vendre à » l'encan, aucuns livres en blanc ou reliés, gros ou pe-

» tits, neufs ou fripés, même de vieux papiers qu'on
» appelle à la rame et vieux parchemins, à peine de
» cinq cent livres d'amende, de confiscation et de puni-
» tion exemplaire ; »

Vu l'arrêt du conseil d'état, rendu le roi y étant, le 14 mars 1744, qui ordonne que le réglement du 28 février 1723 sera exécuté, selon sa forme et teneur, dans toutes les villes du royaume où il se fait un commerce de livres, et dans celles où il y a des imprimeries établies ;

Vu la loi du 17 mars 1791, qui supprime tous brevets et accorde à toute personne le droit d'exercer telle profession qu'elle trouvera bon, à la seule charge de se pourvoir d'une patente ;

Vu le décret du 5 février 1810, qui porte, art. 29 :
« à dater du 1er janvier 1811, les libraires seront breve-
» tés et assermentés ; »

Art. 49. « Il sera statué par des réglemens particu-
» liers, comme il est dit à l'article 3, sur ce qui con-
» cerne, 1° les imprimeurs et libraires, leur réception
» et leur police, etc. ; »

Vu l'article 484 du code pénal, faisant partie du titre IV, promulgué le 2 mars 1810, lequel est ainsi conçu :
« Dans toutes les matières qui n'ont pas été réglées par
» le présent code et qui sont régies par des lois et ré-
» glemens particuliers, les cours et tribunaux continue-
» ront de les observer ; »

Vu le décret du 13 mars 1810, qui déclare que le Code pénal sera exécuté à partir du 1er janvier 1811 ;

Vu la loi du 21 octobre 1814, portant au titre II, *de la police de la presse*, art. 11 : « Nul ne sera imprimeur
» ni libraire s'il n'est breveté par le roi et assermenté ; »

Art. 12. « Le brevet pourra être retiré à tout impri-

» meur ou libraire qui aura été convaincu, par un juge-
» ment, de contravention aux lois et réglemens; »

Art. 21. « Le ministère public poursuivra d'office les
» contrevenans pardevant les tribunaux de police cor-
» rectionnelle, sur la dénonciation du directeur géné-
» ral de la librairie, et la remise d'une copie des procès-
» verbaux ; »

Considérant que le réglement du 28 février 1723 sur la police de la librairie, publié et enregistré dans les formes propres aux réglemens de cette nature, a eu force de loi et a été exécuté dans toute l'étendue du royaume aussi long temps que l'exercice de la profession de libraire a été assujettie à l'obtention du brevet et à la prestation du serment ;

Qu'aucune disposition de loi n'a prononcé l'abrogation de ce réglement ;

Qu'à la vérité, par la loi du 17 mars 1791, le commerce de la librairie a été assujetti seulement à la patente, et soumis, pour les contraventions à cette formalité, à un autre genre de dispositions pénales ; mais que, le décret du 5 février 1810 ayant rétabli, à partir du 1er janvier 1811, la double condition du brevet et du serment, ainsi qu'elle avait été prescrite par le réglement de 1723, les contrevenans à ce décret se sont trouvés, jusqu'aux nouveaux réglemens qu'il annonçait, replacés sous l'empire des dispositions répressives du réglement de 1723;

Que l'article 484 du Code pénal, promulgué postérieurement au décret du 5 février 1810 et rendu pareillement exécutoire à partir du 1er janvier 1811, a ordonné aux tribunaux de continuer d'observer les réglemens qui régissaient les matières non réglées par ce code ;

Que le code pénal n'a pas statué sur les contraventions aux réglemens de la police de la librairie ;

Que, depuis l'abrogation des anciennes ordonnances en matière criminelle, le droit public de la France n'a plus admis de peines arbitraires ;

Qu'ainsi l'article 484 du Code pénal a maintenu l'article 4 du titre II du réglement du 28 février 1723, dans les seules dispositions qui punissent de cinq cents francs d'amende et de la confiscation des livres saisis les personnes qui font le commerce de la librairie sans être brevetées et assermentées ;

Considérant que les réglemens annoncés par le décret du 5 février 1810 n'ont pas été faits, et que la loi du 21 octobre 1814, en donnant une force nouvelle à ce décret, relativement au brevet et au serment des libraires, ne contient aucune disposition qui remplace la disposition pénale du réglement du 28 février 1723 :

Que néanmoins l'article 21 de cette loi, au titre II, *de la police de la presse*, enjoint au ministère public de poursuivre devant les tribunaux de police correctionnelle toutes les contraventions, et que celle dont il s'agit est spécifiée dans ce titre ;

Qu'en n'attachant point une pénalité nouvelle à cette contravention, la loi du 21 octobre 1814 a implicitemente maintenu la pénalité existante ;

Que toutefois l'article 18 de cette loi, en déclarant que les exemplaires saisis pour contravention à ladite loi seront restitués après le paiement des amendes, a supprimé la peine de la confiscation des livres saisis ;

Notre Conseil d'état entendu.

Nous avons ordonné et ordonnons ce qui suit :

Art. 1er. La peine de la contravention à la disposition de l'article 11 de la loi du 21 octobre 1814, en ce qui concerne le commerce de la librairie, est celle de l'amende de cinq cents francs portée en l'article 4 du titre II du réglement du 28 février 1723.

2. Notre garde des sceaux, ministre secrétaire d'état au département de la justice, est chargé de l'exécution de la présente ordonnance, qui sera insérée au Bulletin des lois.

Donné au château de Saint-Cloud, le 1er jour du mois de septembre de l'an de grâce 1827, et de notre règne le troisième.

Signé CHARLES.

Par le roi : *le Garde des sceaux, Ministre Secrétaire d'état au département de la justice.*

Signé comte DE PEYRONNET.

ANNONCES.

CORRESPONDANCE MINISTÉRIELLE. — Première et Deuxième Lettre à M. de Villèle, par E. Pl.

Troisième et Cinquième Lettre au même, par le même. — A Paris, chez les marchands de nouveautés.

www.ingramcontent.com/pod-product-compliance
Ingram Content Group UK Ltd.
Pitfield, Milton Keynes, MK11 3LW, UK
UKHW031924260826
14628UKWH00003B/1405

9 782016 130506